¿PODEMOS LIMITAR A DIOS?

TOM WATSON, JR. Y STAN SCHMIDT

Editorial **Vida**

Dedicados A La Excelencia

Editorial Vida es un ministerio misionero internacional cuyo propósito es
proporcionar los recursos necesarios para evangelizar con las buenas
nuevas de Jesucristo, hacer discípulos y preparar para el ministerio al
mayor número de personas en el menor tiempo posible.

ISBN 0-8297-1929-6
Categoría: Teología / Sanidad

Este libro fue publicado en inglés con el título
Holding God Hostage por Wolgemuth & Hyatt

© 1991 por Tom Watson, Jr. y Stan Schmidt

Traducido por Camilo Duque

Edición en idioma español
© 1993 EDITORIAL VIDA
Deerfield, Florida 33442-8134

Cubierta diseñada por John Coté

Ocultándose tras la vergüenza — por todo este país y probablemente alrededor del mundo — se encuentran miles de personas desdichadas cuyo desequilibrio químico les ha colocado el estigma de "enfermos mentales". Otras personas sinceras buscan en vano escapar de las oscilaciones temperamentales, así como también de otras aflicciones físicas, mediante exigencias de fe basadas en la presunción más que en las promesas específicas de Dios.

A todos ellos en oración ferviente por su recuperación mediante la confianza, comprensión y aceptación de la mejor manera de un Dios soberano, se dedica este libro con amor.

Tom Watson, Jr.
Stan Schmidt

ÍNDICE

6 *¿Podemos limitar a Dios?*

INTRODUCCIÓN

Este libro trata de mucho más que las dolorosas luchas de Stan Schmidt con una disfunción bipolar. Esa odisea puede ser de interés para muchos, pero yo estaría escéptico respecto a su importancia duradera.

La razón de ofrecer esta introducción es mi honda preocupación por los miles — ¿me atrevería a decir millones? — de personas que pueden algún día andar por el mismo camino que Stan. Con demasiada frecuencia tengo que ofrecer consejo a pacientes que se encuentran al borde del mismo peligro: una siempre sincera pero presumida fe que descarta la realidad médica en favor de la noción de ser la excepción divina a la regla. El riesgo surge de su confusión sobre la relación entre su disfunción biológica y su fe personal en un Dios que es amoroso y misericordioso.

Hablo como científico, no como teólogo, pero razono que cuando ejercito la fe, el resultado no depende de mis calificaciones espirituales: cuán fervientemente creo o con cuánta insistencia hago mis peticiones. Más bien depende de la verdad y la realidad de lo que creo. Tengo que concluir que la verdad y la realidad existen muy independientemente de mis preferencias personales. Mi reto personal es asegurarme de que lo que creo es verdadero y real.

Como practicante de la ciencia y el arte de la medicina, se podrían poner en duda mis credenciales cuando expreso mis criterios sobre el tema de la fe presuntuosa. No soy autoridad teológica; además, Stan Schmidt es mi paciente y ha sido mi obligación y mi privilegio apoyarlo durante las oscilaciones de su estado de ánimo. Por lo tanto, me pudiera ser difícil hablar objetivamente con relación al libro que han escrito Stan y el autor Tom Watson, Jr. Sin embargo, me siento obligado a hacerles coro.

Cuando Stan dejó de tomar las medicinas recetadas, actuó en respuesta valiente a un reto de quienes querían que tuviera lo que creían que era lo mejor para él, pero al interferir con el régimen médico de Stan lo hicieron con total ignorancia — y tal vez aun con culpa — ante la evidencia científica. Cuando me enteré de que mi paciente había aceptado el reto al descontinuar las dosis diarias de carbonato de litio, suponiendo que él o sus amigos tenían una influencia especial con Dios, sacudí la cabeza con incredulidad.

Estos maestros bien intencionados le aseguraron que no es la voluntad de Dios que su pueblo sufra aflicciones. Esa justificación simplista en cuanto a la sanidad hace caso omiso de montones de evidencia convincente que demuestra lo contrario. Sin embargo, algunos concluyen que la dependencia de los médicos y las medicinas es evidencia de fe insuficiente. Los maestros de Stan lo instaban a que demostrara su recién encontrada confianza en Dios al aceptar su sanidad, al esperar un milagro y al reclamar una vida libre del inconveniente, la pena, y el costo de los médicos y de las medicinas. Como alguien dedicado a la sanidad de los males de la humanidad ¡deseo con todo mi corazón que el bienestar pudiera llegar así de fácil!

Stan tenía la confianza de que su sanidad sucedería tal como le prometieron sus consejeros espirituales.

"¡Stan, confíe en que Dios hará un milagro, si así lo quiere — le rogaba —, pero tómese sus medicinas hasta que esté seguro de que el milagro ha ocurrido!" Tal vez esa filosofía es parecida a la frase famosa de Ronald Reagan: "Confíe, pero verifique"; palabras que usó al hablar de los tratados de desarme con los rusos.

No veo la razón por la cual el verificar no puede ir de la mano con el confiar. Stan, sin embargo, vio mi consejo como un mensaje de duda, no de fe. Sus amigos lo habían condicionado para que no pensara en términos tan negativos; él dejó de ver el hecho de que Dios también provee el milagro de las medicinas y de las habilidades de curación.

Ha pasado mucho tiempo desde que tuvo lugar todo aquello; Stan todavía es un hombre de gran fe, pero lo considero más sabio y mejor informado. Bajo cualquier norma está más saludable mental y físicamente. Su penosa pero convincente experiencia de aprendizaje ofrece la realidad subyacente para este libro. Hoy más que nunca — y no deseo desalentar ningún acto de fe genuina e informada — respaldo mi prescripción: "Tome su medicina hasta que suceda." En aquel momento esas palabras salieron espontáneamente debido a una profunda preocupación por la salud de mi paciente, pero también pueden ser palabras de sabiduría práctica para otros que se encuentren en un dilema similar.

Los médicos pueden ser tan calificados como los teólogos para dar testimonio de que el sólo creer en algo no lo hace verdad. Stan no había pensado en eso profundamente y el error le costó muy caro. Su fe mal dirigida y presuntuosa nos enseña que cuando nuestra premisa no es verdadera no importa cuán sinceramente o cuán fuertemente la creamos. No importa con cuánto entusiasmo o insistencia expresemos nuestra fe, una premisa falsa sigue siendo sólo eso: *falsa*.

En mi opinión, el creer en Dios y el deseo de hacer su voluntad están basados en la evidencia indiscutible de que Él existe, de que es bueno y de que ofrece una eternidad más feliz y una forma preferible de vida para quienes acudan a Él en fe. Estoy agradecido porque la fe loable de Stan sobrevivió su odisea sin dañarse. Sigue creyendo con premisas considerablemente más sanas para su fe.

Presumir que nuestro Creador nos haga un milagro muy personal que sólo sirva para la comodidad y la conveniencia nuestra no me parece que sea un reflejo de la fe orientada bíblicamente. Crea si lo quiere, pero le aconsejo: ¡Tómese su medicina hasta que llegue el milagro!

Dr. Frank Bolea
Diplomado por el Colegio de Psiquiatría
y Neurología Americana

1

ENFRENTANDO LAS CONSECUENCIAS

través del teléfono al lado de mi cama en el hospital, me llegó la voz de mi madre judía:

— Debes sentarte, Stan.

Yo me había hospitalizado — ¡un cristiano muy enfermo! — en la sala psiquiátrica. Ese hecho pudiera parecer incongruente, por tratarse del centro médico del sanador por fe Oral Roberts en Tulsa, Oklahoma.

— Mamá, estoy acostado en un hospital — le contesté —. ¿Alguien más murió?

Varios meses antes, me había destruido la vida la muerte repentina de mi padre debido a heridas sufridas en un accidente automovilístico.

— Nadie más murió — dijo mi mamá en un tono de voz como de 'no seas bobo' —. Alguien te llamó por teléfono. Te lo estoy diciendo ahora, así que no debes estar de pie.

— No estoy de pie, mamá; estoy acostado en una cama. ¿Quién me llamó? — le insistí.

— Un hombre de California que preguntó por ti. ¿Cómo podía decirle que mi hijo está en una sala psiquiátrica?

— ¿Quién era? Dímelo, mamá.

Mi impaciencia era el residuo de un prolongado período en un estado de ánimo hiperactivo.

— Es el de la revista, al que le enviaste cosas acerca de tu . . . eh, sanidad.

— ¿Quieres decir que me llamaron de la revista *Voz*?

Antes de la recaída me habría puesto contento; ahora la noticia era perturbadora. Hacía tres meses les había escrito a los directores de la revista, ofreciéndoles contarle al mundo sobre mi milagrosa sanidad por fe. Me había descrito como un ex maniacodepresivo. Tras el prolongado silencio de la revista estaba resignado a no recibir contestación. Ahora que había caído de nuevo en la fase depresiva, no quería una respuesta.

— Esa es la revista sobre Jesús y la sanidad por fe, ¿correcto? — insistió —. Bien, el hombre quería hablarte porque le escribiste que te habías sanado.

— ¡Ay, por amor de Dios, mamá!

Lo que siguió queda mejor descrito como un aturdido silencio.

— ¿Hola? Stan, ¿estás escuchando?

— Sí, mamá, estoy escuchando.

También pensaba si habría una manera de ahorcarme con la cuerda del teléfono.

— El señor dijo que definitivamente les gustaría publicar tu historia sobre tu recuperación de la depresión maniaca. ¿Escuchaste eso, hijo? Vas a aparecer en la revista. Así que, ¿qué vas a hacer ahora? Quieren decirle a todo el mundo que estás sanado, que ya no necesitas más tu medicina.

— No estoy sanado, mamá; tú lo sabes — dije; logré pronunciar estas palabras a pesar de sentir lo que parecía ser un peso aplastante sobre mi pecho —. Sí, algunos de mis amigos dijeron que ya estaba sanado... Lo reclamaron para mí en fe, así que eché a la basura mi litio — entonces me atoré en mis palabras —. Pero tuve recaída, mamá; no me sané. Todavía soy un bipolar... me imagino que siempre lo seré.

— ¿Entonces qué le dirás al señor de la revista? — era la pregunta insistente de mi madre —. Dijo que lo debías llamar; quiere que te apures.

— Bueno, mamá, sí, lo haré — un pelotón de fusilamiento habría sido una alternativa bienvenida —. Sólo dame su número y le volveré a llamar, pero no lo puedo hacer ahora mismo.

— Dijo que te apuraras, Stan, que había una fecha límite.

— Lo se, mamá, una fecha límite. Yo... me alegro de que me hayas llamado.

Después que obtuve el número y me despedí, me sentí cansado y solo. En el nombre de Jesús mis amigos habían reprendido los demonios que decían que eran la causa de mi enfermedad y les habían ordenado salir. Alabé a Dios alzando la voz más que ellos. Claro, les dije que tenía la fe para reclamar la liberación y lo probé con un ademán triunfal al arrojar mis píldoras de carbonato de litio al inodoro. ¿Era eso lo que quería decir "fe presuntuosa"? La inutilidad de todo me hizo llorar como un bebé.

Mi habitación en el piso treinta me ofrecía una vista panorámica de Tulsa, pero poco era lo visible debido a la temprana tormenta invernal que había cubierto todo el estado desde el día anterior. Despacio, colocando el auricular en el receptor del teléfono, me arrastré hasta la ventana y miré por entre mis lágrimas una cortina de tristeza. Una combinación mojada de granizo y nieve envolvía lo que parecía más que nunca un mundo frío y áspero.

¿Cómo se las arregla uno cuando su fe le ha fallado? ¿Qué hace cuando anuncia al mundo el milagro de su sanidad y liberación para descubrir desde una cama en la sala psiquiátrica la verdad humillante de que nada ha cambiado en realidad? Las peticiones por fe se hicieron con toda sinceridad y mis oraciones parecieron bíblicamente correctas. Creí que Dios me liberaría más firmemente que jamás había creído cualquier cosa. Mis amigos cristianos podían testificar sobre mi compromiso de no retroceder de la sanidad milagrosa, pero sin mi medicina estaba dolorosamente consciente de que la depresión maniaca todavía tenía el poder de hacer a este celoso cristiano nacido de nuevo un ejemplo de fracaso emocional.

El manejo de una enfermedad grave

La enfermedad número uno en los Estados Unidos hoy día es la depresión, el "resfriado común" de la psiquiatría. La disfunción no se limita sólo a las personas con falta de fe. Las diferencias en los puntos de vista religiosos o la madurez espiritual tienen poco que ver con el comienzo de esta aflicción devastadora que los médicos ven ahora como un desorden físico y no mental. El problema reside en la química del cuerpo, de la misma manera que la gota, la diabetes y otros desórdenes de desequilibrio.

"Más de veinte millones de norteamericanos sufrirán episodios de depresión o de manía durante su vida", escribe el doctor Demitri

F. Papolos, profesor asistente de psiquiatría en la Facultad de Medicina Albert Einstein en Nueva York. Su libro *La superación de la depresión*[*], clasifica el desorden como lo consideran ahora los psiquiatras: un desequilibrio químico, no una forma de locura. El libro del doctor Papolos les ofrece a los norteamericanos con problemas emocionales — a los que sufren de depresión crónica y a los maniacodepresivos también — una salida del estigma de lo que históricamente se ha llamado por equivocación una enfermedad mental. Palabras tales como "loco", "demente" o "enfermo" rara vez son adecuadas para las personas que se encuentran en la angustia de la depresión.

Como *La superación de la depresión*, este libro ofrece un camino para quienes montan sin quererlo "la montaña rusa" de los estados de ánimo para que dejen atrás la pena secreta y se acojan al aspecto brillante y controlable de su aflicción. Esconder la tristeza de la depresión o negar su realidad desafortunada conduce a perder, no a ganar. Este libro hablará sobriamente pero con caridad de otra debilidad humana de la cual muchos sufrimos sin necesidad: la retirada instintiva de la adversidad. ¡Podemos manejar cualquier cosa menos la aflicción!

¿Presunción o fe?

Con demasiada frecuencia moldeamos a Dios según nuestro propio diseño, mencionando y reclamando lo que queremos en vez de reconocer la trascendente importancia y justicia de lo que quiere Él. ¡Cuán pocos de nosotros nos sometemos en fe a su voluntad perfecta, creyendo verdaderamente que Él nos ama y nos da inequívocamente lo que es mejor!

El casi fatal error de Stan Schmidt fue suponer que Dios estaba obligado a sanarlo. Ya que Stan "tenía la fe" para creer, confiaba que se realizaría su sanidad; pero su motivo era egocéntrico y su fe presuntuosa. Daba prioridad a sus deseos; hacía hincapié en su fe en vez de en la voluntad soberana de Dios. Stan estaba convencido de que al renunciar a su medicina validaría el poder de Dios y probaría al mundo la grandeza de su fe. Su médico le recomendaba encarecidamente que no diera ese paso irresponsable. "Crea en los milagros

---

[*] *Overcoming Depression* (Nueva York: Harper & Row, 1987)

de Dios si así lo quiere — le aconsejó el psiquiatra —, pero por lo que más quiera, ¡tómese su medicina hasta que suceda!

La historia de Stan también explora los problemas especiales que pueden producirse cuando se aplica la fe con presunción. Ingenuamente crédulo, este creyente joven aceptó el reto que le hicieron sus maestros. Debido a su insistencia rechazó la ayuda médica y reclamó la liberación por fe de su condición maniacodepresiva. Desconociendo la abundante evidencia bíblica al contrario, él creía que se le garantizaba un cuerpo saludable como subproducto de su fe en Cristo. Animado por maestros bienintencionados — en ese momento amigos en quienes confiaba —, Stan botó sus píldoras de litio, pero a pesar de su fe decidida y una expectativa casi pueril, sus fluctuaciones de estado de ánimo regresaron con venganza. Por eso, Stan tiene razones personales para advertir a otros en contra de los actos impulsivos de la fe presuntuosa. Sus experiencias son pertinentes para los cristianos de todas las opiniones, por muy sinceras que puedan ser sus convicciones y sin importar la naturaleza de sus peticiones fervientes a un Dios soberano.

Alentando al Cuerpo de Cristo

La experiencia de Stan con la manía depresiva y los resultados de sus reclamos presuntuosos de liberación se cuentan aquí, no para desanimar, sino para animar a las personas de verdadera fe; ellas le hablarán en forma directa a los muchos que están desconcertados por sus oscilaciones de estado de ánimo o frustrados por otros síntomas físicos recurrentes. A algunos cristianos los han acosado hasta el punto de que creen que estas adversidades hacen que su ciudadanía espiritual sea de segunda clase. Cualesquiera que sean sus circunstancias, recuerde que Dios "conoce sus ovejas por su nombre" (véase Juan 10:11) y actúa sin falta por el bien de sus ovejas. Sea que usted experimente una sanidad milagrosa o siga con su "aguijón en la carne" (véase 2 Corintios 12:7-10), este libro tiene la intención de ayudarle a salir de la sombra de un estigma imaginario y asumir su papel legítimo en el siempre victorioso reino celestial.

Para las víctimas de la depresión y sus codependientes también, este libro puede ofrecer esclarecimiento y un nuevo comienzo al traer una comprensión más clara de la disfunción química o física con frecuencia responsable de estos síntomas perturbadores. Tales aflicciones no hacen distinción entre los que profesan su fe en Cristo y los que se mantienen inconversos.

Cuando cualquiera de nosotros somos golpeados por desórdenes emocionales, las preguntas pertinentes no deben ser: "¿Qué pasa, no creo en Dios?" o "¿Estoy recibiendo el castigo de algún pecado?"; sino: "¿Qué problemas físicos o emocionales he heredado?" y "¿Cuál es la química de mi sangre?" Hoy se sabe que la angustia personal de la depresión con frecuencia es el resultado de un desequilibrio bioquímico. En muchos casos ese desequilibrio se adquiere genéticamente y por lo general es corregible.

Ahora, por fin, las víctimas de aflicción potencialmente destructiva, armadas con la verdad, pueden buscar un diagnóstico bien informado y consejería. Pueden participar en un plan de tratamiento eficaz, y lo mejor de todo es que pueden continuar llevando una vida útil y productiva.

La muerte de un hijo

Stan no está solo en su acto de presunción. Larry y Lucky Parker de Loma Linda, California, Estados Unidos, trabajando con el autor Don Tanner, escribieron el libro *Dejamos que muriera nuestro hijo* [*], un relato, paso a paso, de la manera como sus doctrinas mal aconsejadas le quitaron la vida a Wesley, su hijo diabético de once años. La trágica odisea de los Parker por la fe mal dirigida, basada más en su imaginación que en una promesa divina específica, comenzó cuando un evangelista que predicaba en su iglesia tomó a Wesley por los hombros y oró por su sanidad.

Anteriormente, su invitación había sido amplia: "Cualquiera que necesite un milagro en su vida — en especial la sanidad de su cuerpo, tal vez sanidad emocional, algo que tenga que ver con cuestiones económicas, relaciones, cualquier cosa por la que ustedes quieran que ore —, por favor, venga."

Toda su vida al padre de Wesley le habían enseñado sobre la importancia de ejercitar la fe abundante. Estaba convencido de que si las personas creían en Dios lo suficiente para hacer caso omiso de las circunstancias externas, entonces su fe sería completa y ellas, no las

---

[*] *We Let Our Son Die*, Eugene, Oregón: Harvest House, 1980.

circunstancias, tendrían el control. Sin duda este era el momento de ganar control sobre la capacidad del cuerpo de Wesley para producir insulina. Larry creía que todo era cuestión de una fe ferviente y de orar confiando.

Aguas profundas de fe

Durante la corta experiencia de Larry en el instituto bíblico, un orador en el culto de capilla había exhortado a los estudiantes: "Tienen que nadar hasta que ya no haya más piso bajo sus pies, ningún apoyo en absoluto, salvo la flotación de esa agua profunda de la fe. Dejen que Cristo los eleve. . . Vayan flotando en su fe hacia Dios. . . Láncense hacia esa fe profunda." No se olvidan con facilidad retos como ése.

Bien, ahora es el tiempo de ponerlo a prueba, pensó Larry al encontrarse acostado despierto la noche después que el evangelista oró por la sanidad de Wesley. Para el bien de Wesley, él "flotaría en su fe". Larry decidió reclamar la sanidad de su hijo y nadar en lo profundo hasta que sus pies ya no pudieran tocar el fondo.

Al día siguiente las dudas se entremetieron por la fuerza de nuevo; el examen rutinario de la orina de Wesley dio positivo. Con la desilusión grabada en su cara, el muchacho sostuvo su jeringa llena de insulina y le hizo señas a su padre para que lo inyectara.

— ¡No! ¡Es una mentira de Satanás! — dijo Larry impulsivamente, agarrando la jeringa de las manos de Wesley; luego tomando a su hijo por los hombros le miró a los ojos —. Wesley, no vamos a creer ese examen de hoy, ¿bien?

Larry oprimió el émbolo, derramó la insulina en la basura y rompió la aguja. Luego dijo:

— Tú ya estás sano, ¿recuerdas?

Los ojos de Wesley se abrieron de par en par, se iluminaron sus mejillas y al fin se abrió su boca en una amplia sonrisa. Su mente infantil había estado esperando esas palabras de ánimo. Había entregado su corazón a Jesús, pero no era teólogo. Tenía que depender de sus padres para interpretar a Dios y para entender el significado de todas esas cosas complicadas de la Biblia. Ahora su intérprete en quien podía confiar había hablado y con la seguridad de la autoridad de su padre podía creer que ya no era un diabético.

Desafiando su fe

Esa noche Wesley se mojó en la cama, un síntoma de que su cuerpo se encontraba hambriento de insulina. ¿Era esa sólo otra mentira satánica para desafiar la fe de sus padres? Por la mañana Lucky luchó con su incredulidad tomando todas las medicinas de Wesley y arrojándolas a la basura; los padres tienen que probarle a Dios, y sin duda a sí mismos, la grandeza de su fe. Para asegurarse de que las medicinas se encontraban fuera del alcance de la tentación, Larry las llevó al basurero municipal.

Cuando regresó, el estómago de Wesley estaba adolorido y se quejaba de dolor de cabeza; la fe de Larry flaqueó por un momento.

— Necesito ir a la farmacia para conseguir más insulina — le dijo a Lucky —. Wesley está peor y tengo miedo.

— No, tenemos la victoria en su sanidad — dijo ella —. Necesitamos más gente para orar, eso es todo.

Pronto cinco de sus amigas se reunieron en la habitación y ¡cómo oraban esas señoras!

— Sana a Wesley, amado Jesús. Permite que la manifestación de tu sanidad aparezca ya. Ordenamos que estos síntomas se vayan y a Satanás que suelte a este niño, en el nombre de Jesús. Jesús, permite que tu misericordia fluya sobre Wesley.

Se hizo todo en poder, con la terminología adecuada y según las fórmulas.

— Me duele la cabeza; ¿pueden callarse?

Era la voz apagada de Wesley al quejarse y volver su cara hacia la pared.

A las cuatro de la mañana siguiente, Larry llamó a su pastor. Se excusó por la hora tan temprana y le pidió que viniera cuanto antes; Wesley parecía estar casi inconsciente.

Lucha con los demonios

El pastor se unió a la vigilia de oración mientras Larry luchaba con los demonios que él creía que tenían que estar evitando la sanidad que había reclamado.

— ¡En el nombre de Jesús, salgan! — le ordenó al demonio mismo.

Cuando Wesley mostró una ligera mejoría los guerreros de oración tuvieron una reunión de alabanza.

— ¡Está sano, gloria a Dios, está sano! — gritó Larry —. ¡Un demonio estaba en su páncreas, alimentándose con su insulina, pero se fue. ¡Esta batalla se acabó y hemos ganado la victoria!

Si fue una victoria, fue muy corta; la condición de Wesley se empeoró de nuevo. Los amigos vinieron y oraron exorcizando los demonios, recitando versículos de la Biblia y ordenando la sanidad del muchacho. Por la tarde un asustado pastor regresó con un mensaje grave para los padres:

— Lleven a Wesley al hospital — les aconsejó —. Creo que necesita un médico.

— Llevarlo ahora sólo demostraría duda — protestó Larry.

La duda pudiera mutilar el poder que estaban pidiendo que bajara. Para esta hora el niño se asfixiaba.

Lucky pensó en la forma que Jesús demoró su venida donde Lázaro, en Juan 11, para poder levantar a su amigo de los muertos. Sollozando, preguntó:

— ¿Pudiera ser que Dios quiere que dejemos que Wesley se muera para que pueda ser resucitado?

De alguna manera tenían que probarle a Dios que tenían fe verdadera.

La muerte llega quedamente

Esa tarde, mientras tres amigos en oración estaban sentados frente a ellos en la pequeña alcoba, los tristes padres sostenían las manos de Wesley y continuaban la vigilia. De pronto, cesó la respiración trabajosa.

— Wesley está con Jesús ahora — dijo Larry como en un trance —, pero va a regresar.

¡Ya lo sabían! La resurrección era lo que Dios tenía pensado todo el tiempo; nada podía cambiarles esa convicción . . . ni siquiera la policía, que apareció poco después y comenzó a hacer preguntas.

— No creo que necesitemos un funeral — dijo Larry al sorprendido encargado de las pompas fúnebres —. No se necesitará un ataúd porque no se va a enterrar a nuestro hijo. Anúncielo como un culto de resurrección — agregó.

El evento fue programado para el domingo a las dos de la tarde. No fue ninguna sorpresa que los reporteros y camarógrafos de los medios noticiosos estuvieran allí cuando los Parker llegaron al culto. La ceremonia se inició a las dos y cuarto.

— Nos encontramos hoy aquí para presenciar la resurrección corporal de Wesley Parker, uno de los hijos de Jesucristo — les dijo Larry a los asistentes al funeral —. Tal como Lázaro, él se levantará.

La voz de Larry era chillona al comienzo, luego se serenó y ordenó:

— Wesley, levántate en el nombre de Jesús.

No hubo respuesta.

Los esfuerzos inútiles de otros para instar al niño a levantarse continuaron por largo rato; eran casi las siete de la tarde cuando el director de las pompas fúnebres con suavidad sugirió que era tiempo de rendirse e ir a casa. Al día siguiente el cuerpo de Wesley fue enterrado sin ceremonia en el cementerio.

Cargos de homicidio sin premeditación

Menos de una semana después, un agente de la policía tocó a la puerta de la casa de los Parker.

— Hemos investigado la muerte de su hijo y venimos a arrestarlo a usted y a su esposa — le dijo a Larry.

Los cargos fueron homicidio sin premeditación y maltrato infantil. Después de un juicio que duró trece semanas, el jurado declaró culpables de los dos cargos a los Parker. Eran buenos padres, decentes, compasivos, gente de buena conducta y de fe sincera en Cristo, pero perdieron al hijo que tanto amaban porque la presunción contaminó su fe, yendo más allá de las promesas específicas de Dios y dejando la sabiduría a un lado. La ley los consideraba delincuentes mayores y la pena por su crimen podía llegar hasta veinticinco años de cárcel.

En vez de eso, el juez puso a ambos padres en un período de libertad condicional de cinco años y más tarde redujo los cargos a delito menor y anuló el fallo condenatorio. Consideró que ninguna pena impuesta por el tribunal podía igualar el dolor que los Parker se habían infligido a sí mismos.

En la actualidad, Larry y Lucky se encuentran libres del estigma del fallo condenatorio por crimen. Creen que Wesley los ha perdonado y confían que Dios también; sin embargo, puede pasar largo tiempo — y siempre existirá la tragedia para recordar — antes que puedan perdonarse a sí mismos.

Teología equivocada

La historia de los Parker da una señal de alarma contra la teología equivocada aunque sincera que ve como símbolos de incredulidad el uso de las medicinas y otros remedios físicos para tratar las diferentes debilidades humanas. Una vulnerabilidad especial acecha a los cristianos que se mueven con temeridad más allá de los límites de las promesas escritas de Dios, empeñados en conseguir para sí mismos un poder especial y una vida más cómoda.

Este libro es un aviso de alarma para aquellos que están convencidos — por muy sinceramente — de que Dios siempre tiene que bendecir a su pueblo con una salud radiante, el éxito, y una prosperidad continua, siempre y cuando poseamos suficiente fe y hagamos una confesión positiva.

Stan Schmidt, un judío, conoció a Cristo diez años después de habérsele diagnosticado una depresión maniaca que se podía controlar con litio. Durante la mayor parte de esa década, al menos cuando seguía su régimen médico, funcionaba de manera normal y sin episodios de depresión. Luego experimentó un renacimiento espiritual en respuesta al testimonio personal, las oraciones y el interés de amigos cristianos. Algunos de ellos creían firmemente que tomar medicinas o sufrir una enfermedad física refleja pecado, incredulidad o interferencia satánica.

Algunos de los guías de Stan con apasionamiento estaban convencidos de que el evangelio de Cristo, para los que creen de verdad, incluye la sanidad de todas las enfermedades corporales. Le recordaban Isaías 53: "Por su llaga fuimos nosotros *curados*, no sólo el alma sino también el *cuerpo*." Basando su teología sobre fragmentos bíblicos, insistían en que los creyentes tienen que demostrar su fe reclamando y recibiendo el don de liberación de Dios. "Si lo mencionas — le aseguraban los amigos a Stan — entonces Dios dice que tienes el derecho a reclamarlo."

Esta posición supone que la riqueza, la popularidad, la salud y el bienestar emocional están disponibles para todos los que posean suficiente fe. Algunos enseñan que sólo pueden reclamar y experimentar estas bendiciones una categoría superior de cristianos; los candidatos más probables son los que han estudiado bajo su ministerio profético. Hablan de una confianza audaz en Dios que obtiene una influencia especial. Otros insisten en que todos los creyentes tienen derecho a exigir estas bendiciones de un Padre que añora prosperar a sus hijos. Sería interesante observar la reacción a esa doctrina de prosperidad de un humilde creyente que a duras penas logra ganarse una vida parca en una aldea de chozas de paja.

Como varios de sus maestros le dijeron al recién convertido Stan Schmidt, los demonios de su síndrome maniacodepresivo, hasta ese momento controlados por las dosis diarias del carbonato de litio, estaban obligados a retroceder ante las exigencias de su fe recién encontrada. "La medicina es del demonio", Schmidt escuchaba una y otra vez. "Es una muleta de incredulidad", le insistía uno de sus maestros. Le explicaban que ir en busca de la medicina, en vez de depender del Señor Jesús para poner bajo control el desequilibrio químico que llevaba durante tanto tiempo, mostraba una falta de fe y le hacía el juego al demonio. Convencidos de que todos los creyentes pueden resolver sus dificultades de salud atando a Satanás o lanzando fuera demonios, consideran que los problemas médicos recurrentes son una prueba suficiente para justificar la presunción de pecado o incredulidad.

Esta manera de razonar en círculos parece recordar la posición adoptada por los seguidores de la secta coreana dirigida por el anciano Kim durante la primera parte de la década de los años sesenta. Declarándose profeta de Dios, el desacreditado anciano presbiteriano estableció una Ciudad Milenaria entre Seúl e Inchón. Uno de los desencantados seguidores les contó a misioneros del ministerio cristiano "TEAM" que a todos los verdaderos creyentes que se unieran a su rebaño se les aseguraba que nunca morirían. Los seguidores de Kim se consideraban a sí mismos los únicos cristianos auténticos; los demás miembros de la iglesia, menos iluminados, sólo eran pretendientes de la fe. A cambio de recibir la esperanza de la vida eterna — una esperanza sólo arraigada en la supuesta influencia profética de Kim con Dios — miles le traspasaron a esta personalidad carismática todas sus posesiones terrenales, se mudaban a la Ciudad Milenaria e iban a trabajar en las fábricas de camisas y de caramelos de Kim, confiados en su indestructibilidad.

El autoproclamado profeta les aseguraba que los verdaderos creyentes no podían morir. "Ah, de cuando en cuando un incrédulo entre nosotros se va de esta vida — reconocían sus lugartenientes ante los misioneros de "TEAM", para explicar el ocasional cuerpo amortajado sacado de la Ciudad Milenaria —, pero por esto sabemos que el muerto no era un verdadero creyente, puesto que los creyentes verdaderos nunca mueren." La forma de razonar en círculos rara vez es el camino a la verdad y a la realidad. Denunciaron a Kim más tarde y él terminó cumpliendo una condena en una prisión de Corea.

La depresión: la enfermedad más frecuente

La aflicción que desafiaba la fe de Stan Schmidt afecta a un sector amplio de la población de los Estados Unidos. Las razones exactas del comienzo de este desequilibrio son confusas, pero se supone que la genética sea un factor importante. En muchos casos los síntomas de la depresión se reconocen con facilidad.

A las personas que sufren depresión severa recurrente sin los ciclos de euforia correspondientes se les denomina desde el punto de vista médico como víctimas de un desorden unipolar. Para ellos, las oscilaciones de estado de ánimo sólo van hacia abajo. Los sentimientos de derrota y de desesperación se vuelven crónicos; ninguna cantidad de raciocinio parece ser capaz de penetrar esta concha de sentimientos de falta de valor y del profundamente arraigado cinismo.

Como contraste, los bipolares (maniacodepresivos) van desde períodos de euforia, hiperactividad y planes grandiosos durante el ciclo superior, hasta períodos de culpa y algunas veces melancolía suicida en el ciclo inferior. En las profundidades de la desesperación se encuentran incapaces de sentir placer o de pensar racionalmente. Cuando se encuentran en la cima, su comportamiento puede ser impulsivo hasta el extremo. Obrando de manera irracional bajo las ilusiones de grandeza, muchos de ellos pueden terminar en el lado equivocado de la ley, incapaces ya de distinguir con claridad entre el bien y el mal.

Aun en los tiempos bíblicos

Hay evidencia de que esta enfermedad no es nada nueva. Algunos teorizan que está registrada en el Antiguo Testamento desde hace cerca de cuatro mil años. Hasta el fuerte y probado libertador Moisés puede haber sufrido las oscilaciones de estado de ánimo que hacían que a veces actuara de manera anormal. No debemos presumir ser capaces de mirar a través de los milenios y diagnosticarlo como un maniacodepresivo, pero Moisés sí destruyó su rango con los faraones al matar a un capataz egipcio a quien descubrió maltratando a un esclavo judío (véase Éxodo 2:12). La lealtad a los de su propia familia y la frustración con su familia real adoptiva pueden haber motivado ese acto temerario; pero su acto impulsivo le costó muy caro durante los cuarenta años siguientes. Aunque Moisés, con o sin limitaciones físicas, era un hombre de verdadera fe, siempre estaba dispuesto a hacer lo que Dios le ordenara.

La queja de Moisés, sin embargo, parece reflejar síntomas de depresión: "No puedo yo solo soportar a todo este pueblo, que me es pesado en demasía. Y si así lo haces tú conmigo, yo te ruego que me des muerte, si he hallado gracia en tus ojos; y que yo no vea mi mal" (Números 11:14-15). Deseos similares de muerte no son raros entre las personas frustradas de nuestra época.

¿Recuerda los sanguinarios ataques de rabia del rey Saúl? Atormentado por "un espíritu malo de parte de Jehová" (véase 1 Samuel 16:14), él atacaba no sólo al inocente David, sino también a su hijo Jonatán. Los estados de ánimo de Saúl oscilaban. En un instante se encontraba hostil y con arrogancia hacia la gente de probada lealtad, y al siguiente se encontraba en un profundo ataque de depresión, culpándose a sí mismo y pidiendo perdón. La Biblia también registra la posibilidad de una influencia demoniaca en los ataques de ira del rey. Al final aun la flauta, el arpa y los salmos de David no podían calmar el espíritu perturbado de Saúl. El benjaminita destructor es el caso más claro de la historia bíblica de una depresión maniaca. Sin embargo, él no está solo en los registros bíblicos: Jonás, Job, Elías, y aun el gran rey David se encuentran entre los personajes del Antiguo Testamento que clamaron pidiendo permiso para morir.

A través de la historia

A través de los siglos aparecen los síntomas de esta aflicción. Los historiadores informan que el rey Jorge III de Inglaterra sufría de violentos cambios de estado de ánimo que hoy podrían considerarse como síntomas de depresión bipolar. Su juicio equivocado por completo en el manejo de la crisis de la América colonial puede haberle costado a Inglaterra su Nuevo Mundo.

El estilo de vida de Honorato de Balzac era del maniaco típico, como lo fueron el estilo y la impulsividad de sus escritos. Él permanecía en la cúspide de la oscilación. Si sufrió ciclos de depresión, éstos no se hacen evidentes en su vida o en su trabajo. Escribió *La prima*

Bette en increíbles seis cortas semanas. Sus orgías de trabajo las alternaba con orgías de placer. Escribió noventa novelas e historias en las cuales se encuentran dos mil personajes principales. Durante dos años antes de morir compartió con la señora Evelina Hanska su mansión en Ucrania después de perseguirla con frenesí de un extremo al otro de Europa. Por fin se casó con la belleza y se la llevó de regreso a París. Tres meses más tarde, a la edad de cincuenta y un años, de Balzac murió en un aparente estado de agotamiento maniaco.

El compositor Roberto Schumann compuso música sólo durante lo que ahora se reconoce como sus episodios maniacos. Los años 1840 y 1849 fueron las cimas de producción para el genio alemán, y sus contemporáneos lo describían como "exaltado" durante ambos ciclos. Durante los períodos de profunda depresión no escribió nada. En 1850 fue nombrado director de música para el pueblo de Düsseldorf, pero una "enfermedad mental" lo forzó a renunciar en 1854. Ese mismo año Schumann trató de ahogarse en el Rin, pero su intento fue frustrado cuando un peatón lo rescató. Entonces lo internaron en un manicomio cerca de Bonn donde permaneció hasta su muerte dos años más tarde.

Las oscilaciones en los estados de ánimo han sido una plaga para las personas creativas de manera especial. Los escritores Virginia Wolf, Vachel Lindsay y John Berryman escogieron el suicidio como escape a su depresión. Es probable que hicieran lo mismo Dylan Thomas, Thomas Wolfe y F. Scott Fitzgerald, sólo que usaron el alcohol en vez de las pastillas o las pistolas.

Mediante un tiro de escopeta que se pegó en la cabeza, Ernest Hemingway dio a conocer al mundo la gravedad patológica de su disfunción bipolar que poco a poco lo consumió en sus últimos años. Este famoso autor estaba en la cumbre del mundo literario, pero los ataques de melancolía hicieron su vida cada vez menos tolerable. Durante sus ciclos maniacos usaba estas energías para viajar, escribir, hacer excursiones, pescar y cazar. Sin embargo, en un ataque de melancolía, cuando tenía sesenta y un años y estaba en la cima de su carrera, decidió acabar con su vida de manera violenta.

Nada define de manera más ominosa las consecuencias potencialmente trágicas de la depresión, la enfermedad más frecuente de los Estados Unidos.

Entre cristianos. Pero ¿qué de los cristianos de todas las épocas? ¿Su fe en Cristo — la presencia del Espíritu Santo en su mente y en su corazón — evita que sean víctimas de los oscilaciones del estado de ánimo?

Por lo visto, la fe o la falta de ella hace poca diferencia. En realidad, a través de los años, algunos de los líderes cristianos más vigorosos han dejado tras de sí evidencia de altos y bajos emocionales. El reformador Martín Lutero les pareció a muchos de su época como emocionalmente inestable, en especial en sus ataques crueles y continuos a los judíos. El príncipe de los predicadores ingleses, Carlos Haddon Spurgeon, en sus últimos años libró frecuentes batallas con la depresión. Aun temprano en su ministerio, describió la "total oscuridad del alma" que de cuando en cuando se posaba sobre él, llevándolo a dudar de todo y aun a temer que se hubiera "hundido en el abismo de la incredulidad". Uno de sus primeros sermones incluía esta descripción de lo que bien pudieran ser experiencias bipolares:

> *Durante ciertos períodos, nubes y oscuridad cubren el sol, y él no contempla el claro brillo de la luz del día sino que camina en la oscuridad. Ahora hay muchos que se han asoleado al brillo solar de Dios durante una temporada . . . y de pronto — en uno o dos meses — encuentran nublado ese cielo glorioso. En vez de "delicados pastos" tienen que caminar por el arenoso desierto; en lugar de "aguas de reposo" encuentran arroyos salobres a su paladar y amargos a su espíritu.*

Spurgeon fue llamado al púlpito de la capilla de Park Street en Londres cuando tenía apenas veinte años. Sólo ocho años después, su congregación terminó el inmenso Tabernáculo Metropolitano para acomodar a las multitudes que atraía. Sin embargo, los biógrafos de Spurgeon revelan el triste secreto: durante ciertas épocas, de manera especial durante la década anterior a su muerte, encontró que la vida apenas valía la lucha.

Durante el invierno de 1869 su salud fallaba; sarampión, gota y problemas pulmonares habían tenido un efecto grave. Su congregación le permitió tomarse todo el invierno para recuperarse en el clima más cálido de Italia, pero estaba cargado con una profunda preocupación por el ministerio en el Tabernáculo. Su esposa se había vuelto inválida y era fuente de ansiedad adicional. Había estado involucrado en una controversia al denunciar a otros bautistas por una supuesta salida de la fe bíblica y muchos amigos, incluso algunos clérigos formados en su seminario de pastores, tomaron posiciones contra él. Su depresión, sin duda, fue una reacción a todo eso, pero la firme fe calvinista de Spurgeon no lo eximió de sus oscilaciones de estado de ánimo.

El himno favorito de Spurgeon, y uno de los himnos cantados por un pequeño número de adoradores la última vez que enseñó en la sala de su casa, fue "Las arenas del tiempo se hunden". La última estrofa dice:

> *He luchado en busca del cielo*
> *Contra tormenta, viento y marea.*
> *Ahora como cansado viajero*
> *Que se reclina sobre su guía,*
> *Entre las sombras de la tarde*
> *Mientras se hunde la arena demorada de la vida*
> *Saludo la gloria que amanece*
> *En la tierra de Emanuel.*

Entre los presidentes. Los presidentes de los Estados Unidos también han sufrido bastantes oscilaciones de estado de ánimo. Los períodos de depresión de Abraham Lincoln se encuentran documentados en su correspondencia, en las historias noticiosas de la época de la guerra civil y en los registros dejados por quienes lo conocían íntimamente. Los historiadores están de acuerdo en que era un hombre melancólico. Sus períodos alternantes de depresión profunda y de logros agresivos apoyan la teoría que él también pudo haber sufrido un desequilibrio químico. Es probable que esto resultara en síntomas de una depresión maniaca que el insigne decimosexto presidente logró no sólo tolerar sino incorporar como fortalezas.

Cuando Lincoln tenía veintinueve años, la muerte de su primer amor, Ann Rutledge, hundió al joven abogado de provincia en lo que parece haber sido un período de profunda depresión. Con frecuencia se le veía vagar a lo largo de la ribera del río cercano a su casa, al parecer lleno de una profunda pena. Más tarde en su vida, su médico personal, el doctor Anson Henry, observó y registró la ocasional falta de energía de su paciente, una introversión obsesiva y falta de decisión. Por parte de su socio en la firma de abogados y biógrafo,

William H. Herndon, conocemos los extraños detalles de su temprano intento fracasado de casarse.* En 1841, el día que Lincoln y Mary
Todd por primera vez planearon unirse en matrimonio, el atribulado
novio no se presentó a la ceremonia. Sus amigos estaban disgustados
y apenados. Más tarde lo encontraron, según se dice, caminando solo,
casi inconsolable en su depresión; sencillamente no había tenido el
valor de sufrir la ceremonia del matrimonio, aunque más tarde logró
soportarla.

Una colección de cartas de Lincoln a sus amigos incluye esta
descripción sombría y probablemente auténtica de su perspectiva
mental:

> *Soy el ser viviente más miserable; si lo que siento ahora fuera*
> *distribuido de modo equitativo entre toda la familia humana, no*
> *habría una sola cara alegre en la tierra. Si alguna vez me mejoro,*
> *no lo puedo decir; tengo el terrible presagio de que no. Continuar*
> *como estoy es imposible; me parece que tengo que morir o mejorar-*
> *me.*

El doctor Ronald R. Fieve, pionero de la terapia con el litio en los
Estados Unidos y creador de la Fundación para la Depresión y la
Depresión Maniaca, hipotetiza que Lincoln sin duda sufrió una
forma de depresión maniaca bipolar. A pesar de ese aparente impe-
dimento, los historiadores, le dan el crédito merecido de "Honest
Abe" (El honrado Abraham) por haber salvado a los Estados Unidos
del desastre de una desmembración permanente.

La extravagante personalidad de Teodoro Roosevelt estaba en el
polo opuesto de la de Lincoln; era cualquier cosa menos melancólico.
Las cimas crónicas de júbilo están enteramente en contraste con las
profundidades de las depresiones de Lincoln. A veces era visto como
un hombre poseído por el demonio. Era hiperactivo y precoz cuando
niño. En la universidad, se ganó la reputación de ser un monopo-
lizador impulsivo y obsesivo de todas las conversaciones. Más tarde
sus actividades frenéticas en la Casa Blanca tenían confundido al
formal pueblo de Washington. Sus energías inagotables frustraban a

---

* *Life of Lincoln*, Quality Paperbacks, 1983.

quienes trataban de trabajar a su lado. Un visitante británico lo describió como "una interesante combinación entre San Vito* y San Pablo". Esa, a propósito, constituiría una aceptable definición del vulgo de las fases cíclicas de una personalidad bipolar.

Aunque a Winston Churchill se le conocía como frenético durante la mayor parte de su vida pública, parece que también luchó contra severos ataques de melancolía. Su biógrafo, Sir Charles Wilson, dice que cuando lo atacaba la depresión, el primer ministro poco se esforzaba por disimularla. Sara Churchill escribe que su padre, "a pesar de sus elogios, galardones y honores, permanecía con un vacío en su corazón . . . que ningún logro u honor podía llenar por completo". Armados sólo con registros biográficos, es probable que los psiquiatras consideren al primer ministro británico de la segunda guerra mundial como un caso clásico, aunque sin duda funcional, del maniacodepresivo.

En 1972, la revelación tardía de una historia de depresión y de tratamientos con electrochoque obligaron al senador estadounidense Thomas Eagleton a abandonar su postulación para la vicepresidencia en la lista de candidatos del partido demócrata. Se cree que la revelación tendría menos efecto hoy día. Hace dos décadas, sin embargo, el estigma de la enfermedad mental era políticamente nocivo.

---

* Alude a la enfermedad convulsiva llamada baile de San Vito.

2

FUERA DE LA CELDA ACOLCHONADA

Cuando en mi casilla de correos de la universidad recibí los resultados de mis primeros exámenes de mitad de semestre en 1972, comprendí que la fiesta se había acabado. No había una sola nota que siquiera llegara al nivel de "aprobado" para consolar a Stan Schmidt, uno de los estudiantes de primer año más inseguros de la lista de la universidad.

Mis pacientes padres se encontraban próximos a otra decepción. Estaba desaprobando todas las asignaturas, lo que no me sorprendió; a la "madura" edad de dieciocho años estaba lanzándome a la primera aventura fuera de las restricciones de un hogar y de una familia judía. Me había lanzado con toda el alma hacia mi nueva libertad. ¡Que estudien los ratones de biblioteca! Claro, mi falta de motivación me molestaba un poco en la raras ocasiones en que mi mente vagaba sobre las posibles consecuencias, pero el trago fácilmente disponible y las muchachas fiesteras dejaban poco tiempo para pensar con serenidad. Además, había hecho un descubrimiento intrigante llamado "hierba". Encerrándome en mi dormitorio para encender un cigarrillo de mariguana — de fácil adquisición en todas las universidades — parecía mucho más estimulante que la búsqueda de conocimientos en la biblioteca. La mariguana se volvió mi amiga fiel y prometía alivio a las luchas, que empeoraban con rapidez, de las oscilaciones de estado de ánimo. *Pudiera de pronto ayudarme en mis notas,* razonaba cuando surgían las dudas sobre el alucinógeno.

Era preocupante cuando se acabó la fiesta, pero era aplastante cuando comenzó la pesadilla. Mis sentimientos pronto estuvieron oscilando entre la grandeza eufórica en los días "altos" y la melancolía paranoica de los días "bajos". Sin embargo, realizaba muchas de mis cavilaciones en secreto y rara vez revelaba mis sentimientos a alguien. Las alucinaciones me perseguían aun cuando no había "hierba" para fumar. Comencé a temer que un enemigo secreto me buscaba para matarme. Con frecuencia me encontraba imaginándome que tenía que hacer una tarea obligatoria de inmediato; sin embargo, me sentía frustrado porque no podía lograr hacerla. Parecía incapaz de establecer o de lograr alguna meta que tuviera sentido. Poco a poco me encontré solo dentro de la universidad: el hombre misterio, rechazado y hundiéndome más y más cada día en un mundo que se oscurecía por la incertidumbre, la sospecha, el temor y el fracaso.

Cuando sucedió lo inevitable y llegó la nota de expulsión del decano, culpé a conspiradores invisibles por mi fracaso académico. Ya que la universidad me había expulsado por una "incapacidad médica", regresé a Pittsburgh para recoger los platos rotos. Mis padres me ingresaron en un hospital para una revisión médica . . . un hospital psiquiátrico. Allí me diagnosticaron como un paranoico y me dieron una serie de tranquilizantes y antidepresivos. También me informaron que no me permitirían abandonar el hospital hasta que mis padres decidieran que estaba listo para salir. Ese encarcelamiento duró sólo dos semanas por cuanto mis padres por fin accedieron y autorizaron mi salida, reclasificado como paciente externo en psicoterapia. Dos semanas más tarde, decidí que estaba tan racional como las personas que me estaban tratando; además, me sentía apenado por la clasificación de "enfermo mental". Cancelé mis sesiones en el hospital y decidí reestructurar mi vida según mis propios criterios.

Para un maniacodepresivo inestable, sin embargo, la reestructuración es rara vez completa. Para la mayoría, una vida libre de las oscilaciones de estados de ánimo sigue siendo una meta fantasma, tentadora pero siempre más allá de nuestro alcance. Por un lado hay una fuerza impulsora que concede pocos momentos de reposo o de silencio; por otro lado está la ruina y la melancolía de la autoacusación, el arrepentimiento y la desesperanza. No siendo capaz de encontrar un equilibrio entre las dos, me tragué mi orgullo y busqué ayuda en dos ocasiones en hospitales psiquiátricos. Me metí de nuevo en los antidepresivos y tranquilizantes, pero nunca me abandonaba mi agitación. Incapaz de mantener un empleo y sostenido económicamente por mis padres, estaba corriendo con rapidez por el carril de alta velocidad, infatuado cada vez más con las drogas y el alcohol. Al poco tiempo me mudé con mi familia a la Florida, pero pronto me cansé de lo que me parecía una vida sedentaria y aburrida. Regresé a Pittsburgh donde la pesadilla sólo empeoró.

Hasta el día de hoy, todavía no lo puedo explicar, pero por razones desconocidas tuve la fantasía de que había adquirido doscientos mil dólares de una fuente misteriosa. Confiado en mi nueva riqueza, efectivamente ingresé esa cantidad en mi chequera y me dediqué a vivir de conformidad. Tiendas de ropa, agencias de alquiler de automóviles, restaurantes costosos y otras empresas pronto descubrieron que los estaba pelando, aunque antes que la fiscalía pudiera iniciar el juicio, una médica amiga llamó a mis padres en la Florida y les informó que su hijo estaba enfermo. Ella vio que mis patrones de comportamiento se volvían cada vez más irresponsables y estrafalarios. La querida señora hizo reservaciones para mí y un amigo en un vuelo con rumbo sur y les sugirió a mis padres que me llevaran directo a un hospital psiquiátrico cuando llegáramos.

— ¿Suponga que él no quiere ir? — le preguntó mi madre, recordando mis ataques de terquedad.

— Entonces si yo fuera usted, lo haría arrestar — contestó la doctora como presagiando —. Si no lo hace usted, es probable que lo haga alguien más.

Aunque soy judío, nunca había reflexionado mucho sobre la religión. Camino al aeropuerto, sin embargo, cuando mi amigo Regis me llevaba en su automóvil y pasamos frente a la Catedral de San Pablo, se me ocurrió que Dios — si en realidad existe tal ser — podría querer ayudarme a salir de ese abismo.

— Para un minuto aquí, por favor — le pedí impulsivamente.

Cuando el auto frenó en seco, salté y entré corriendo a la catedral. Con una sensación de irrealidad, me encontré en una de las bancas arrodillado en oración y clamando a Dios, quienquiera que fuera y dondequiera que estuviera, que me guardara de deslizarme más en ese lúgubre vórtice.

De pronto sentí que alguien me tocaba en el hombro y escuché una voz que decía casi en susurros:

— Señor . . . ah, joven, aquí hay algo para usted. Sólo tómelo, bien . . . ¿por favor?

Cuando volví a mirar, me encontré con la cara de una ancianita, una completa extraña. Me ofrecía palabras de consuelo mientras extendía un crucifijo y un rosario con su mano abierta.

— Tómelos, ¿ah? — repitió.

Dudando y con sospecha acepté el regalo. Me colgué el crucifijo al cuello, luego volví a mirar para darle las gracias a la dama, pero se había ido. Durante mucho tiempo después de eso llevé el crucifijo, más como fetiche que otra cosa. Prefería que la gente me considerara cualquier cosa menos religioso.

A duras penas Regis y yo llegamos a tiempo antes que cerraran las puertas para abordar el avión. Encontramos nuestros puestos en el avión y nos abrochamos el cinturón de seguridad. Aun antes que alcanzáramos la altura de crucero le mostré mi chequera con el depósito de los doscientos mil dólares, pero mi pregunta traicionó mi inseguridad:

— ¿Crees que estoy enfermo?

— Sí, es probable que lo estés, Stan — fue su sincera respuesta —, pero no te preocupes, estoy orando por ti. El Señor lo va a arreglar todo, así que recuéstate y tranquilízate.

No estaba bien seguro de cómo el Señor iba a encajar en el rompecabezas, pero sus palabras me hicieron sentir mejor. Me tranquilicé tanto que dormí el resto del viaje hasta Miami.

Cuando llegamos a la Florida, un hospital no era lo que yo tenía en mente. Aunque mis padres querían ingresarme en un programa terapéutico de inmediato, estaba convencido de que no era necesario. Después de todo, tenía trabajo que hacer: tenía que distribuir la mayor parte de mis doscientos mil dólares donde produjeran el mayor bien. Mi política era sencilla: si la gente parecía necesitar ayuda, entonces una parte de mi bonanza era de ellos. La verdad es que también me gustaba esparcir mi caridad de cuando en cuando a gente que no necesitaba ayuda, sólo para que conocieran a un verdadero filántropo cuando lo vieran.

Mi hermano John era muy astuto; no me creyó la historia de enriquecimiento instantáneo. Mi primo Bruce también tenía dudas, en especial cuando giré un cheque sin fondos por veinticinco mil dólares para ayudarle en una empresa arriesgada. Al fin, el día después de la Navidad, me llevaron, a pesar de mis protestas, a un hospital psiquiátrico; una medida animada, sin duda, por mi declaración de que estaba pensando en convertirme al cristianismo. No era que yo entendiera de qué trataba el cristianismo, pero no podía quitar de mi mente a la viejita, y el crucifijo y el rosario parecían herramientas apropiadas para cambiar de religión.

Así que partí rumbo al hospital. Antes de aceptarme, un médico de planta me colocó en aislamiento en una habitación con mi madre y observó nuestra conversación a través de un espejo de una sola vía y de un micrófono escondido.

— Mamá, creo que voy a comprarles autos a esas dos enfermeras que registraron mi ingreso — le dije, sin saber que el médico estaba escuchando y mirando. Me parecía que comprar los autos era una genialidad —. ¿No crees que las enfermeras son simpáticas?

— Sí, hijo, son simpáticas, pero no necesitan autos nuevos, así que guarda tu dinero — dijo, descartando la idea.

— Es mi dinero — recuerdo haberle dicho con terquedad —. Me quedan ciento cincuenta mil y los voy a gastar como me parezca.

Luego, hablando a medias con mi madre y a medias conmigo, dije:

— Apuesto que agradecerían los autos nuevos.

— Claro, hijo — era todo lo que mi madre acertaba a decir; sacudió la cabeza con tristeza —. Claro.

Después de ese intercambio no era necesaria mucha observación para convencer al psiquiatra que yo necesitaba ayuda.

— ¿Cuál es la idea del brazalete? — dije cuando una de esas enfermeras simpáticas aseguró una banda de plástico con mi nombre en mi muñeca.

— Ah, apuesto que te gustaría estar con nosotros por algún tiempo — dijo a la ligera, como si estuviera hablando con un niño de cinco años.

— Yo estaré bien — objeté, retirando mi brazo. ¿Qué le daba a esta gente el derecho de tratarme como a un niño?

— No necesito un brazalete, gracias.

— Lo sé — contestó, colocando la banda con mi nombre en su

sitio a pesar de mis protestas —. Vas a estar excelente, ¿bueno? Ahora nos despediremos de tu mamá y te llevo a tu habitación, ¿conforme?

— No te afanes, hijo — me dijo mi madre, acariciándome la cabeza —. Probablemente es sólo por un par de días, así que ve con la simpática enfermera.

— Claro, mamá — le dije, volviendo la cabeza por encima del hombro a medida que la joven me empujaba en la silla de ruedas por el largo corredor. Yo sentía la presión, pero pensé que podía usar un poco de descanso —. No te preocupes, mamá — grité, a medida que aumentaba la distancia que nos separaba —. Los médicos van a ver que no estoy enfermo y puedes venir a recogerme mañana.

Sólo un instante después, observé el letrero "Unidad Cerrada" cuando la enfermera me introducía en una de las salas de admisión y cerraba la pesada puerta tras nosotros. Adentro una empleada me hizo unas preguntas de rutina sobre cuchillas de afeitar, navajas de bolsillo, limas para las uñas y cinturones, luego extendió su brazo para tomar el crucifijo que pendía de mi cuello.

— ¿Tiene miedo de que me suicide? — le pregunté, levantando mis brazos para proteger el valioso fetiche religioso.

— Es parte de mis responsabilidades — contestó la empleada, tratando de tomarlo de nuevo.

— Quítele la maldita cosa de su despreciable cuello — aulló un tipo grande de mal semblante sentado en una de las sillas de madera, que hasta ese momento sólo había sido otro paciente que observaba en silencio.

— ¿Sí? — dije erizado —. ¿Quieres ensayar?

Nadie puede hacer esa clase de comentario cerca de Stan Schmidt y salirse con la suya.

— ¿Quieres pararme? — replicó el tipazo, saltando y lanzándose hacia mí y mi crucifijo.

Me levanté con ira para defender mi tesoro y se inició una batalla campal. Incapaces de separarnos, las enfermeras lanzaron el código "arco iris", alertando sobre una emergencia y llamando a la guardia. Pronto varios ayudantes psiquiátricos y guardias de seguridad musculosos irrumpieron en la unidad. En cuestión de segundos mi atacante y yo nos encontramos en camisas de fuerza. Al tipo de mal aspecto lo empujaron en una dirección y a mí me llevaron en la silla de ruedas en la otra. Sin tardanza me metieron en una habitación acolchonada. Allí me colocaron sin mucha cortesía en una angosta cama, me amarraron en posición de postrado y me dieron sedantes fuertes.

Aturdido como estaba, comencé a darme cuenta de que o bien el mundo era un sitio trágicamente cruel e injusto o yo tenía que estar muy enfermo. Después de pensarlo durante un rato, concluí que ambas situaciones eran probablemente verdaderas.

Incapaz de moverme, lo único que podía hacer era protestar a gritos. Puesto que nadie respondía, decidí clamar a Dios, quienquiera que fuera o dondequiera que estuviera. Las palabras salieron como un gruñido que sólo Dios podía entender, aunque de pronto, sentí como si alguien o algo hubiera entrado en la habitación. Si era fantasía — una mera rebanada de mis alucinaciones — o algo sobrenatural, el lector tendrá que decidirlo. Vi dos manos y dos brazos cubiertos parcialmente con una voluminosa capa blanca encima del pie de mi cama. En las manos vi una cruz inmensa, pero la miraba como a través de una neblina. Lo que vi era surreal, bello y poderoso. Luego me sobrecogieron sentimientos de paz y de tranquilidad, y a pesar de las ataduras me quedé dormido.

Al otro día me dejaron salir de la celda acolchonada.

— Me gustaría tener una Biblia, por favor — le dije a la enfermera que me empujaba en la silla de ruedas hacia mi nueva habitación. Había decidido pasar mi estadía en el hospital explorando el Libro que tantas personas creen que es la verdadera Palabra de Dios.

— Mira, Stan — dijo suavemente —, el médico dice que no debes estar tan preocupado por la religión. Vamos a conseguirte algo diferente para leer, ¿bien?

Su informe correspondiente a ese día dice:

El paciente continúa pomposo y preocupado por la religión. Su actitud es más calmada hoy. El paciente dice que tuvo una visión que interpretó ser Cristo que le decía que no se tomara su medicina. Le animé a tomarse la medicina según la receta del médico. Desea leer la Biblia, pero le insinué no hacerlo por el momento. Manipulador.

Manipulador o no, lo que recuerdo con mayor claridad es que continué insistiendo hasta que conseguí mi Biblia.

La melancolía: ¿Amiga o enemiga?

Roberto Burton, un clérigo y erudito inglés de hace casi cuatro siglos, vivió afectado por los oscilantes estados de ánimo. Era el vicario de la iglesia de Santo Tomás en Oxford a comienzos del siglo diecisiete y bibliotecario de la universidad. Era un hombre apasionado; poseía un interés consumidor por la medicina, la literatura, la historia, la teología y las ciencias. Parecido a otros a quienes se les clasificaba — aunque tal vez arbitrariamente —, como "poco convencionales", Burton era un hombre de dones poco comunes; su memoria extraordinaria no era el menor de ellos. Se le conocía por su gran habilidad para sistematizar hechos y mantener registros de investigación detallados. Además, sus asociados en Oxford lo consideraban como un hombre elocuente y de chispa, aunque un poco recluido. Durante los cuarenta y cinco años como vicario y bibliotecario, se cuenta que Burton nunca se aventuró más allá de los límites del pueblo universitario. ¡Se mantenía muy ocupado buscando con curiosidad apasionada los diferentes aspectos del conocimiento asequibles en su biblioteca!

Pero otra razón más sombría para su inconformismo emerge de sus escritos. Burton sólo dejó una publicación de renombre, impresa cuando contaba cuarenta y cuatro años de edad; aunque vertió en ella una rica mezcla de conocimientos clásicos y curiosos, intituló su libro de poesías *La anatomía de la melancolía.*[*] En la obra hace esta observación reveladora:

> *Si hay un infierno en la tierra, ha de encontrarse en el corazón del hombre melancólico.*

Luego, cambiando al modo poético, escribe:

> *Cambiaré mi estado con un infeliz cualquiera,*
> *que puedas traerme del bien o de una mazmorra.*
> *Mi dolor es incurable, otro infierno,*
> *ya que no puedo soportar este tormento.*
> *Ahora desesperado odio mi vida,*

[*] *The Anatomy of Melancholy*, 3 tomos. A. R. Shilleto, editor. Nueva York: AMS Printing, Inc. (Reimpresión de la edición de 1893; fecha de la original: 1621).

> *préstame un puñal o un cuchillo;*
> *todas mis tristezas parecen alegría,*
> *comparadas con esa maldita melancolía.*

Burton, al parecer, conocía bien los estados de ánimo bipolares, aunque la identificación científica de los síntomas de la depresión maniaca se demoraría siglos en llegar. Escribió no sólo de la oscuridad de sus luchas con la depresión, sino también, en dramático contraste, del casi patológico estímulo que sentía cuando lo provocaban sus estados de ánimo maniacos:

> *No cambiaría mi vida con rey alguno.*
> *Estoy encantado: ¿pudiera traer el mundo*
> *más gozo que haber reído y sonreído*
> *pasando el tiempo jugando entretenido?*
> *No, amigo, no me molestes,*
> *no interrumpas el éxtasis que siento,*
> *frente al cual es vana mi alegría.*
> *Nada es tan divino como la melancolía . . .*
> *Nada es tan dulce como la melancolía.*

¡"Esa maldita melancolía" en un versículo; "nada es tan divino" y "nada es tan dulce" en el siguiente! Tal vez el poeta Milton quiso decir algo similar cuando, durante el mismo siglo, escribió en su *Il Penseroso* el aparentemente contradictorio saludo: "¡Salve! melancolía divina."

Si esto parece sorprendente clarividencia para el siglo diecisiete, considere las palabras del filósofo romano Caelius Aurelianus que nos informó doce siglos antes que:

> *Las señales de la melancolía que se aproxima son . . . angustia*
> *y dolor, abatimientos, silencio, animosidad . . . algunas veces un*
> *deseo de vivir y en otras ocasiones un deseo de morir.*

La melancolía tiene muchas formas, o como lo dice el psiquiatra John White en su libro titulado *Las máscaras de la melancolía*: *"Se pone muchas máscaras."* A cada forma, probablemente, se le ha dado una etiqueta

---

* *Masks of Melancholy, Downer's Grove, Illinois: InterVarsity Press, 1982.*

médica, pero aprender de memoria los nombres de la depresión o identificar sus máscaras parece un reto inapropiado para las víctimas de la melancolía. Basta con saber que es probable que nadie sienta exactamente los mismos síntomas que informan otras víctimas. Lo importante para recordar es la posibilidad de que aun en los peores casos de depresión el problema puede ser un desequilibrio químico y una disfunción física más que una enfermedad mental.

El diagnóstico de la depresión

Las malas noticias son que la depresión es el más común de todos los problemas mentales; las buenas noticias, que se considera la más susceptible de tratamiento. Por razones desconocidas, la depresión afecta a la mujer con dos veces y media más frecuencia que al hombre. Una de cada cuatro mujeres puede esperar desarrollar una forma de depresión durante su vida, mientras que sólo uno de cada diez hombres serán afectados. El lado bueno, se puede tratar con eficacia a casi el noventa por ciento de los que sufren de depresión.

La forma adecuada del verbo es aquí "puede" ser. Es de lamentar que cerca del ochenta por ciento de las víctimas de la depresión dejen de reconocer su aflicción y de buscar el tratamiento que pudiera aliviar su sufrimiento. Debido a la ignorancia, algunos dejan de ligar sus episodios y detectar el patrón en que han caído. Para otros, la razón puede ser la renuencia a enfrentar la realidad. En cambio, describen sus síntomas físicos como "no las tengo todas conmigo hoy" o "un poco salido de casillas". Pueden atribuir sus oscilaciones de estado de ánimo a "algún tipo de molestia", a la falta de sueño, a la tensión en el trabajo o tal vez a los cambios en los hábitos de comer. Algunos están preocupados de verdad con su inestabilidad emocional, pero no están dispuestos a buscar ayuda por temor al estigma de consultar a un psiquiatra.

El hecho de que los síntomas de la depresión se atribuyen tan fácil y equivocadamente a otras causas contribuye a la dificultad de diagnosticarlo y curar la disfunción. La gente tiende a negar la existencia de la depresión al insistir: "Después de lo que me ha tocado pasar tengo derecho de actuar de esta manera", o "Tú también estarías arrastrándote por el suelo si tuvieras que trabajar con los cretinos con quienes trabajo yo." En realidad, puede haber razones legítimas en el medio ambiente, las circunstancias y de reacción para sentir depresión. Cuando nos encontramos con esas causas, no debe sorprender a nadie que venga la melancolía; pero la depresión persistente puede constituir una buena razón para hablar con alguien calificado que pueda ofrecer respuestas dignas de confianza.

¿Cuáles son los síntomas?

La depresión se caracteriza, por lo general, por sentimientos penetrantes de tristeza, una incapacidad profunda, desesperanza y una notoria irritabilidad que empeora. La Asociación Nacional en Pro de los Depresivos y Maniacodepresivos (ANPDM) de los Estados Unidos sugiere buscar ayuda profesional cuando una persona sienta cuatro o más de los siguientes síntomas de manera continua durante más de dos semanas:

- Cambios observables de apetito, con pérdidas o ganancias significativas de peso, aunque no esté haciendo dieta.
- Cambios observables en el patrón de dormir, tales como el sueño intranquilo, incapacidad de conciliar el sueño, o dormir mucho.
- Pérdida de interés, falta de placer en las actividades que anteriormente disfrutaba.
- Pérdida de energía y fatiga notoria.
- Sentimientos de falta de valor.
- Sentimientos persistentes de desesperanza.
- Sentimientos de culpa inapropiados.
- Incapacidad para concentrarse o pensar; indecisión.
- Pensamientos recurrentes de la muerte o el suicidio, el deseo de morir o intentos de suicidio.
- Sentimientos abrumadores de tristeza y pesar, acompañados por el despertarse por lo menos dos horas antes de lo normal por las mañanas, sensación de depresión y el moverse significativamente más despacio.
- El pensamiento perturbado, un síntoma severo desarrollado por las personas deprimidas.

Muchas víctimas de la depresión, tal vez algunas que leen estas palabras, sienten que síntomas físicos y mentales como éstos los siguen día y noche. Para ellos las buenas noticias o los sucesos agradables no pueden reducir el nivel de ansiedad personal y desesperación. No hay final visible. Muchas víctimas están tan encadenadas e incapacitadas por sus sentimientos que no pueden armarse ni del valor ni de la energía para hacer una cita con un profesional que pudiera ayudarles. Aun si un amigo o pariente les hace la cita, pueden rehusar cumplirla, alegando que su caso es tan desesperado que no tiene objeto desperdiciar la plata o el tiempo. Si se ofreciera una pastilla garantizada para aliviar sus síntomas, algunos pudieran encontrarse tan profundamente enredados en su miseria que no parecería que valiera la pena tomar la medicina.

Quienes están preocupados por tales víctimas pueden con la mejor voluntad ofrecer consejo, ánimo y apoyo al principio, pero tarde o temprano se sienten atascados por el descorazonamiento. Muchos se retiran en silencio, y cuando así sucede la persona deprimida se encuentra más sola que nunca. Sin embargo, él o ella no aceptan el consejo de todos modos; no aprecian la ayuda ofrecida; se hacen los sordos a cualquier esfuerzo para ofrecerles alivio. Los terapeutas que trabajan con ANPDM instan, sin embargo, a aquellos inclinados a ayudar a persistir en su propósito. Si no se rinden sus ayudantes, la mayoría de las víctimas tarde o temprano tomarán medidas para resolver su problema.

¿Quiénes son afligidos?

El formidable Samuel Johnson de Inglaterra escribió con sencillez sobre sus problemas con la depresión. Les informaba a los lectores de finales del siglo dieciocho: "Heredé una vil melancolía de mi padre que me ha hecho loco toda mi vida, al menos no sensato." Esa "vil melancolía", sin embargo, no necesariamente prueba que Johnson estuviera enfermo o sufriera un desequilibrio químico. La melancolía pudiera haber sido una reacción comprensible a sus circunstancias personales. Él puede haberse sentido con derecho a tener un modo de ser amargado debido a su piel manchada, su miopía y sus movimientos torpes. Es probable que la apariencia desgarbada y el comportamiento excéntrico descritos por sus biógrafos hicieran de Samuel Johnson el blanco de chanzas crueles durante su juventud. Los historiadores lo retratan como un hipocondriaco con un temor morboso a la muerte. Sufría de ataques prolongados de enajenamiento y era descuidado en sus hábitos así como en su apariencia. Tal vez tenía el derecho de reclamar momentos de melancolía.

¿No es verdad que los más simpáticos se sienten a veces tristes o deprimidos, y a menudo con ansiedad que no ostenta ningún nombre? Se consideran muy normales los sentimientos transitorios de tristeza o desaliento, en especial en el período llamado depresión reactiva durante o inmediatamente después de sufrir desengaños o circunstancias penosas y tensas. La Biblia nos enseña que somos producto defectuoso de un universo caído. Mientras continuemos como humanos, estaremos obligados a reconocer no sólo nuestras imperfecciones sino también las imperfecciones de otros, incluso de los cristianos. Las cosas no siempre salen de la manera que habíamos esperado o como lo habíamos pedido en oración, así que todos tenemos nuestros momentos de euforia y de depresión, y damos rienda suelta a la compasión de nosotros mismos. Problemas más serios surgen sólo cuando dejamos de recuperarnos de esos sentimientos en un período de tiempo razonable. Si todavía exhibimos síntomas de melancolía dos o tres semanas después de las circunstancias adversas, debemos sospechar que estamos sufriendo alguna versión de la disfunción conocida como depresión.

Tenga en cuenta que la depresión no es la maldición exclusiva del adulto; puede aparecer en cualquier edad, aun en bebés. Episodios únicos, breves y aislados de depresión severa pueden ocurrir en cualquier etapa de la vida. Si han ocurrido una vez, pueden ocurrir de nuevo. Datos de investigación disponibles sugieren que aproximadamente la mitad de la población que sufre de un ataque único está destinada a tener otros. Algunas víctimas sufren ataques separados por varios años, mientras que otras sufren ataques agrupados durante breves períodos de tiempo. Entre los episodios de invalidez de la depresión o depresión maniaca, muchas víctimas logran funcionar de manera normal. Para unos pocos afortunados, la aflicción puede desaparecer de manera tan inadvertida como apareció. En ocasiones sucede una remisión espontánea y permanente sin ninguna razón clara; la nube sólo se eleva para no volver a descender más.

Cualesquiera que sean los síntomas, sin embargo, es muy importante que la víctima busque ayuda profesional. Aproximadamente el veinticinco por ciento de quienes sufren depresión crónica siguen sin tratamiento por parte de médicos calificados y se encuentran incapaces de sostener rutinas normales. Los puestos de trabajo, el matrimonio y otras relaciones con frecuencia se ponen en peligro si no se busca tratamiento. El consejo sabio es: "Consiga ayuda."

La controversia sobre sanidad por fe

Cuando se confrontan con amenazas al bienestar o a la salud, los pensamientos de muchos cristianos se vuelven, naturalmente, hacia la sanidad por fe. Dios sabe con certidumbre de nuestra aversión al sufrimiento, y ¿no nos ama? Confiamos en que tiene el poder y autoridad para sanar. ¿No es omnipotente? Puede hacer cualquier milagro que le plazca. ¿Pudiera ser la voluntad de un Padre celestial amante y poderoso que el pueblo que llama suyo sea inválido por una desgracia física, o limitado por circunstancias adversas? Algunos creyentes encuentran difícil aceptar respuestas negativas a preguntas que surgen de manera tan natural en todas las mentes. Tenemos que recordar la insensatez de contestar esas preguntas con el razonamiento humano en vez de hacerlo con la sabiduría revelada de la Palabra de Dios.

Gary y Margaret Hall cometieron ese error. Su hijo de veintiséis días murió en 1984 después que ellos siguieron el razonamiento de su pastor de Indiana, Hobart Freeman. No aceptaron llevar al bebé enfermo al médico.

Según la ley de Indiana, rehusar el cuidado médico para un niño es un crimen. El estatuto del estado concede: "Es defensa que la persona acusada en la práctica legítima de sus creencias religiosas ofreciera tratamiento por medios espirituales a través de la oración en vez del cuidado médico a sus dependientes"; pero la cláusula no ayudó a los Hall. Dos meses después de su procesamiento, un jurado de Indiana los encontró culpables de un delito mayor.

Lo mismo les pasó a David y Kathleen Bergmann. Su hija Allyson de nueve meses murió de una infección cerebral no tratada. "No maté a mi hija — testificó Kathleen durante el juicio —; se la di al Señor." El no haberle dado cuidado médico era en obediencia a Hobart Freeman y su fuerte prohibición en su Asamblea de Fe contra el "satánicamente inspirado" cuidado médico. "Cuando mi hija atravesaba por la fiebre, la reprendí — declaró Kathleen —. Estuve despierta toda la noche, y cité las Escrituras." La vigilia no sirvió; al otro día la niña había muerto.

Pamela Menne, de quince años, miembro de la Asamblea de Fe, al rechazar un régimen de diálisis, murió en su casa por falla renal. David y Nigal Oleson pusieron una demanda millonaria contra la Asamblea de Fe, reclamando que Freeman y sus asociados les lavaron el cerebro. Luego, como bendición irónica, el mismo Freeman murió ese año en su casa de Shoe Lake, a pesar de sostener en público que su fe purificada lo exceptuaba de la muerte. El líder de la secta expiró debido a complicaciones de una diabetes sin tratar. Practicando hasta el fin lo que predicaba sobre el poder de la verdadera fe, el autodenominado profeta rehusó buscar ayuda médica. El Antiguo Testamento tiene una advertencia pertinente: "No escuchéis las palabras de los profetas que os profetizan; os alimentan con vanas esperanzas; hablan visión de su propio corazón, no de la boca de Jehová" (Jeremías 23:16).

Engaños diabólicos

Freeman enseñó a sus seguidores que si su fe era lo suficientemente fuerte y pura no sentirían ni enfermedad ni muerte. Su razonamiento seguía una curiosa línea de presunción. Puesto que la salvación sólo es por fe en Dios, las personas que practican dicha fe no deben enfermarse y por lo tanto no tienen que confiar en los médicos y las medicinas. En el sistema teológico de Freeman, la enfermedad, los médicos y las medicinas son engaños diabólicos que hay que negar y evitar.

Varias muertes entre las familias de la secta de Indiana justificaron la investigación policial a partir de 1980. Natail Joy Mudd y Bonnie Joe Vargo, ambas de cuatro años de edad, murieron a pesar de que sus padres ejercieron su fe al ordenar a Jesús que los sanara. El propio nieto de Freeman, Brent Kinsey, murió de complicaciones respiratorias poco tiempo después de nacer en su casa sin ningún practicante profesional que lo atendiera. En 1981 Betty Nel, la seguidora de Freeman de cincuenta y seis años que donó el terreno para la iglesia, cayó enferma de neumonía y rehusó tratamiento. Sucumbió cuando ambos pulmones dejaron de funcionar. Hasta el final se aferró con resolución a la doctrina de la iglesia que condenaba a los médicos y las medicinas. Dos años después, la segunda esposa de su marido murió de cáncer del seno, sin tratar, debido a la lealtad a las enseñanzas de Freeman.

En 1982, a otra niña de la familia Mudd le sacaron del abdomen un tumor del tamaño de una pelota de baloncesto y más tarde murió. Entre 1983 y 1986, el periódico Fort Wayne News-Sentinel publicó una serie de artículos dando detalles de la muerte prematura de *no menos de cincuenta y dos* seguidores de Freeman en seis estados. Estas víctimas, o sus padres actuando a nombre de ellos, habían rechazado a los médicos y las medicinas en obediencia a las estrictas y muy presuntuosas doctrinas de la Asamblea de Fe.

Hobart Freeman

¿Quién, entonces, era este extraño "profeta" que enseñaba una fe tan presuntuosa mientras ejercía el control sobre la vida y la muerte de sus seguidores? "Un monje religioso con un poder increíble" es la manera como describió a Freeman un anciano miembro de su congregación.

En 1942 obtuvo su diploma del Instituto Comercial Bryant y Stratton en Louisville, luego se mudó a la Florida para abrir una empresa de fotografía con mucho éxito y una tienda de víveres muy lucrativa. "Todo lo que yo tocaba se volvía dinero", dijo en su testimonio grabado. En 1950, sin embargo, sus empresas fracasaron. Después de dos años de frustración se convirtió a Jesucristo y sintió el llamado al ministerio del evangelio. En sólo tres años terminó el curso de cuatro años en Biblia e historia con un promedio de "excelente". De allí regresó a Louisville y obtuvo su maestría en teología en el Seminario Teológico de los Bautistas del Sur en 1956.

Por entonces, sin embargo, Freeman estaba desencantado con la denominación bautista. Con especial vehemencia rechazó la celebración del cristianismo de la Navidad y de la Pascua de la Resurrección por ser de origen pagano. "La vida de fe" y "la confesión positiva" lo obsesionaban. "No estudié ni cinco minutos durante mis estudios en la universidad y en el seminario — ha testificado Freeman —. Todo lo reclamábamos por fe." Esa filosofía aparece en extraño conflicto con lo expresado por el apóstol Pablo en 2 Tesalonicenses 3:6-10:

> *Pero os ordenamos, hermanos, en el nombre de nuestro Señor Jesucristo, que os apartéis de todo hermano que ande desordenadamente, y no según la enseñanza que recibisteis de nosotros. Porque vosotros mismos sabéis de qué manera debéis imitarnos; pues nosotros no anduvimos desordenadamente entre vosotros, ni comimos de balde el pan de nadie, sino que trabajamos con afán y fatiga día y noche, para no ser gravosos a ninguno de vosotros; no porque no tuviésemos derecho, sino por daros nosotros mismos un ejemplo para que nos imitaseis. Porque también cuando estábamos con*

vosotros, os ordenábamos esto: Si alguno no quiere trabajar, tampoco coma.

Después que Freeman terminó su doctorado en Antiguo Testamento y hebreo en el Seminario Teológico Grace en Winona Lake, Indiana, el seminario lo contrató para enseñar en su departamento de Antiguo Testamento.

Sin embargo, su relación con el seminario pronto se deterioró. La teología de Freeman se volvió más y más separatista, aunque en ese momento todavía no estaba enseñando sanidad divina. Él y su esposa Ruth pronto se volvieron negligentes en su asistencia a los cultos de la iglesia, prefiriendo, en competencia, ofrecer a los estudiantes del seminario cultos de alabanza en su hogar. Surgían más y más diferencias doctrinales, lo que los alejaba de otros miembros del profesorado. En enero de 1962 el seminario compró su contrato y lo despidió.

Por esta época, sin embargo, las reuniones informales en el hogar de los Freeman habían tomado la forma de una iglesia organizada con su propia declaración doctrinal.

En 1966, Freeman asistió al Seminario McCormick en Illinois. Allí, Freeman tuvo conocimiento del "bautismo del Espíritu Santo", una experiencia que revolucionó su enfoque a las Escrituras. Por primera vez, hablar en lenguas, revelaciones especiales, visiones sobrenaturales y sanidad divina se volvieron su obsesión. El énfasis del ministerio de Freeman cambió bruscamente bajo la influencia de los evangelistas sanadores.

En 1978, Freeman erigió una carpa para su ministerio en un terreno cerca de Goshen, Indiana, donado por una de sus admiradoras. Su popularidad e influencia crecieron tan rápidamente que hacia fines de ese año su congregación construyó una estructura metálica color café para realizar las actividades de la Asamblea de Fe. La iglesia se propuso "hacerlo bien" y no cometer los errores vocingleros que cometía el cristianismo institucionalizado. El aislamiento se intensificó. Guardias con radio-teléfonos patrullaban el estacionamiento de la Asamblea de Fe como protección contra el raterismo y el vandalismo. Tampoco aceptaban a quien no fuera miembro.

Freeman se convirtió en una autoridad reconocida en teología carismática, y sus escritos y cassettes grabados se distribuyeron por todo el país. Publicó diez libros, incluso un volumen importante sobre los profetas del Antiguo Testamento, publicado por la editorial conservadora y cualquiera cosa menos carismática, Moody Press de Chicago.

En alguna ocasión afirmó: "No he gastado un centavo en medicinas o cuidado médico desde el bautismo por el Espíritu Santo y desde recibir nuevos conocimientos profundos con relación a las promesas de Dios sobre la sanidad de enfermedades." Sin embargo, Freeman contaba con su parte de problemas de salud. Cuando niño le dio poliomielitis, que lo dejó con una pierna derecha inferior seca. Antes del bautismo del Espíritu Santo, le hicieron una operación de riñón. También sufrió varios ataques al corazón. Mientras que su cuerpo era débil, fue bendecido con lo que aun sus críticos más severos reconocen que era una mente brillante.

Influencia poderosa. John Davis, ex alumno de Freeman en el Seminario Grace, escribió en un artículo en cuatro entregas para el periódico *Warsaw Times-Union* sobre su anterior guía, impreso del 27 al 30 de septiembre de 1983. Sugiere cuatro razones para la influencia que el extraño hombre ejercía sobre la gente confiada de su rebaño:

1. Su dominio de las Escrituras, que incluía conocimientos tanto de hebreo como de griego. Su predicación se caracterizaba por una cuidadosa organización del material y citas frecuentes de apoyo de las Escrituras. Su gente dice que sus mensajes eran fascinantes, estimulantes y retadores.

2. Su pretensión de tener visiones sobrenaturales y revelaciones especiales. Con frecuencia ofrecía para los miembros de la Asamblea de Fe lo que alegaba ser afirmaciones directas y personales de Dios para apoyar sus puntos de vista teológicos. Nadie en su congregación se atrevía a poner en tela de juicio sus afirmaciones; hacerlo sería como cuestionar a Dios mismo.

3. La intimidación de sus seguidores. Freeman con frecuencia le recordaba a su rebaño las maldiciones divinas y los castigos reservados para quienes se atrevieran a descarriarse de la fe tal como se enseñaba en su asamblea. Cuando el periodista Davis lo entrevistó, Freeman habló enfáticamente sobre la forma como todos los reporteros que criticaban su ministerio habían finalmente sufrido alguna enfermedad, lesión o muerte; un

gesto amistoso para asegurarse que sus artículos serían favorables a Freeman. No lo eran, pero sí eran justos.

4. El aislamiento y la disciplina de la Asamblea de Fe que prohibía leer los periódicos, mirar televisión y tener compañerismo con miembros de otras iglesias. Esa política separatista y oscurantista en extremo tiende a desalentar el pensamiento independiente y garantizar un compromiso sin libre determinación por parte de los seguidores de Freeman.

La confesión positiva crea realidad. El corazón del sistema teológico de la Asamblea de Fe es su "fórmula de fe" que afirma que cuando el creyente ejerce la fe verdadera, acompañada por una "confesión positiva", se puede lograr cualquier cosa que el creyente se lance a realizar. Dios está obligado a sanar todas las enfermedades bajo todas las circunstancias cuando se exhibe tal tipo de fe. "Cuando la verdadera fe está presente — afirmaba Freeman con frecuencia —, ella sola será suficiente, pues reemplazará las medicinas y otras ayudas." Al ser confrontado con casos en los cuales los seguidores de sus enseñanzas no habían sido sanados o aun habían muerto, Freeman explicaba: "Estos resultados se pueden considerar en algunos casos como disciplina o juicios por parte de Dios. En otros casos ha habido una completa falta de fe."

Con relación al enigma de su propia pierna seca, Freeman ofrecía una solución sencilla y una lección sobre su concepto de la realidad: "Se ha sanado — dijo con insistencia al escritor del *Times-Union* —, pero Dios no ha elegido mostrarlo." Un observador desprevenido podría preguntar si la sanidad demorada de Freeman se debía a disciplina, juicio o falta de fe. El profeta eligió no comentar el asunto. Los asociados de Freeman describían la demora de su sanidad como "una prueba de Job" diseñada para enriquecer el ministerio de Freeman.

Para las personas que razonan de esta manera, no sorprende que se encuentren dentro de una total distorsión de la realidad. Los psicólogos dicen que esta manera de pensar tan caprichosa es característica de seguidores ciegos de doctrinas radicales e infundadas. Si la distorsión es la causa o el efecto, ¿quién lo puede decir?

Freeman enseñó que la realidad se identifica mejor en términos de fe y no al contrario. Cuando la sanidad no se muestra, el creyente puede en realidad estar sanado, pero las dudas y los temores pueden por corto tiempo hacerlo aparecer que todavía está enfermo. La realidad es que está sanado. Según el escritor del *Times-Union* John Davis, le dijo a su confiado rebaño con respecto a problemas en el sentido de la vista que va desfalleciendo: "Si usted dice: 'No veo mejor', entonces quiere decir que no ha venido con la suficiente frecuencia para aprender todas las condiciones. No se quite los anteojos hasta que esté dispuesto a romperlos, triturarlos y caminar encima de ellos." Cuando los creyentes pueden pisotearlos y entonces confirmar que han sido sanados, están practicando la "confesión positiva" de Freeman. Los visitantes a la Asamblea de Fe dan testimonio de haber visto a fieles que al llegar se quitan con cuidado sus anteojos y audífonos antes de salir de su automóvil para no arriesgarse a ser castigados a manos de los líderes de la iglesia.

Con relación a la realidad de la sanidad, Freeman arguye en *Fe para la sanidad*:[*] "Algunas veces ocurre un instante después; en otras ocasiones es una semana, un mes o más, antes que la respuesta se pueda ver en el dominio de lo visible. Sin embargo, la verdadera fe continúa confesando que Dios ha oído y concedido nuestra petición y que la tenemos. Es necesario que siempre se reciba en el dominio de la fe antes que podamos verla en el dominio natural o visible." No ofreció apoyo bíblico para esa doctrina algo fantástica.

En su libro titulado *Pensamiento y confesión positivos*,[**] Freeman ofreció esta descripción franca de la manera que funcionaba su doctrina de "confesión positiva":

> *Designo este proceso del cultivo de la mente "lavado de cerebro espiritual". Satanás parece tener a la mayoría de las mentes de los cristianos llenas de pensamientos de duda, temor, incapacidad, preocupación y derrota. Por lo tanto, hay que eliminar este negativismo y saturar la mente de la palabra positiva del Señor antes que se pueda forzar al enemigo a aflojar su agarre sobre la mente y los pensamientos.*

[*] *Faith for Healing*, Warsaw, Indiana: Faith Publications, 1974.
[**] *Positive Thinking and Confession*, Warsaw, Indiana: Faith Publications, 1974.

"Tenemos que practicar el control del pensamiento — agregó con considerable franqueza —. Tenemos que vaciar con deliberación todo lo negativo de nuestra mente respecto a la persona, el problema o la situación que nos confronta."

Salvaguardas

Todavía, a pesar de las incoherencias, no parece haber escasez de personas ansiosas de seguir a los líderes carismáticos que les ofrecen absolutos, aun absolutos que no tienen bases en la realidad. ¿No hay salvaguardas para evitar la caída de los creyentes comunes bajo el hechizo de un razonamiento falaz similar? ¿Qué nos puede mantener alejados de la devastación personal y espiritual de la fe presuntuosa?

La grave historia de Hobart Freeman y su Asamblea de Fe — que no es diferente, en su esencia, de la de Jim Jones y su Templo del Pueblo — nos sugiere estas pautas prácticas:

1. Tenemos que cuidarnos de escudriñar la Biblia en busca de algo que confirme lo que ya hemos decidido de antemano o lo que queremos que sea verdad.

2. No nos atrevamos a olvidar que en su actividad entre los hombres Dios busca su gloria, no la nuestra. Las enseñanzas de Cristo están dirigidas a lograr que nosotros hagamos lo que quiere Dios y no al contrario. Su propósito para nosotros nos mueve hacia la prosperidad espiritual y nuestro destino eterno, no hacia los beneficios temporales como la riqueza, el bienestar y una existencia sin preocupaciones.

3. Tenemos que mantener en la mente el hecho serio de que no toda la actividad sobrenatural es de Dios. Las sanidades físicas y otros milagros pueden ocurrir mediante el poder de Satanás como una forma de distraer, engañar, entrampar o destruirnos. El Espíritu Santo no es el único espíritu que trabaja en nuestro mundo de hoy.

4. Tenemos que disciplinarnos para ser cautelosos con las doctrinas o prácticas basadas en fragmentos de las Escrituras. El creyente maduro debe explorar con cuidado la totalidad del consejo divino en todas las cosas, comparando Escritura con Escritura. Tenemos que establecer lo que creemos sólo después que lo hemos confirmado por la Palabra de Dios. Esa Palabra inspirada por Dios es la fuente de nuestras doctrinas, nuestra

reprensión, nuestras correcciones y nuestra instrucción en las lecciones de la vida (véase 2 Timoteo 3:16).

5. Tenemos que practicar un escepticismo saludable hacia los alegatos de experiencias sobrenaturales. Lo mismo que en la investigación científica, la única confirmación confiable reside en la posibilidad de observar y comprobar mediante repeticiones, y eso rara vez es posible. A pesar de que quien relate la experiencia sea sincero, no todas las sanidades y otros milagros que escuchamos sucedieron en realidad. El entusiasmo y la imaginación humanos casi no tienen límites. "Santifícalos en tu verdad; tu *palabra* es verdad" (Juan 17:17, cursivas añadidas).

6. Tenemos que recelar de las afirmaciones de las revelaciones especiales, visiones, voces y otros mensajes de Dios. Él puede obrar soberanamente de cualquier manera que le plazca, pero la mayoría de las afirmaciones de unción personal profética son presuntuosas, egoístas y, en consecuencia, peligrosas. "Así que la fe es por el oír y, el oír, por la palabra de Dios" (Romanos 10:17).

7. Necesitamos entender todo el alcance de la frase de Juan el Bautista: "Es necesario que él crezca, pero que yo mengüe" (Juan 3:30). Las personas religiosas que se apropian gloria, ventajas o beneficios para sí mismos no son guías confiables de la mente y los propósitos de Dios.

8. Tenemos que estar alertas al peligro de líderes manipuladores y autoritarios. En el reino de Dios los líderes nombrados por Él gobiernan con sabiduría y sin egoísmo mediante el servicio. No se enseñorean de quienes están a su cuidado (1 Pedro 5:3); no buscan nada para sí mismos.

9. Si no sabemos o no podemos encontrar para nosotros mismos los pasajes bíblicos que apoyan una doctrina, tenemos que atrevernos a preguntar. Necesitamos el valor para exigir: "¿En qué parte de la Biblia se encuentra la base para eso?" Entonces tenemos que leer y decidir por nosotros mismos, armados con una base confiable para determinar la validez de la doctrina.

10. No debemos olvidar que la fe que ejercemos es un don de Dios (véase Efesios 2:9). No refleja favoritismo o superioridad a la vista de Dios. Cuídese de quienes se preocupan con la calidad o cantidad de su propia fe.

3

UN MUNDO EN DESINTEGRACIÓN

El psiquiatra, recostándose en su silla tras su escritorio frente a mí, dijo:

— Stan, todas las pruebas tienen la misma tendencia y estamos . . . ah, de acuerdo en el diagnóstico.

Bajó el papel que había estado estudiando. Le presté atención.

— Estamos listos ahora para decir que usted sufre de un tipo de desorden mental — luego agregó con rapidez —, uno que consideramos susceptible de tratamiento, debo decir. Lo llamamos 'psicosis maniacodepresiva'. ¿Significa eso algo para usted?

Parecía estar buscando las palabras y las frases que una persona común y corriente pudiera entender.

— ¿Quiere usted decir . . . que soy algún tipo de lunático? — le pregunté.

— No, digo que tiene un desequilibrio químico, un defecto en la forma como funciona su cuerpo, como . . . bien, como la diabetes o la artritis, sólo . . .

— Sí, pero está diciendo que tengo un . . . problema mental, ¿correcto? — interrumpí, poniéndome de pie —. Estoy enfermo, ¿eh?

Después de las malas pasadas que me hacían las emociones, sospechaba que me dirían algo así, pero no estaba ansioso de que me lo confirmaran.

— No, no puedo dejar que se llame enfermo — insistió el médico, indicándome que me volviera a sentar —. Es biológico, Stan, y, sí, afecta los procesos del cerebro. Si nuestra química se traba, las partes de nuestro cuerpo no pueden funcionar bien, ¿correcto? Sucede que la parte suya que está afectada por este desequilibrio es su cerebro. Su cerebro, ¿correcto? No es su mente o su mentalidad. ¿Ve la diferencia?

— ¿Sí? Dígame la diferencia.

Me sentía un poco hostil en ese momento.

— La diferencia es que su mente no está enferma y usted no está loco — me contestó —. Su mente es perfectamente capaz de funcionar en forma adecuada una vez que logremos hacer que la química regrese a su equilibrio y la mantengamos así.

— ¿Y cómo hacemos eso? — insistí.

— Con medicina — dijo el psiquiatra con naturalidad —. Tenemos una nueva que podemos usar, una que ha probado tener mucho éxito, y sus síntomas parecen hechos a la medida para ella. Pero déjeme decirle que no vamos a abandonar la psicoterapia; esa tiene un lugar en su sanidad también. Pero vamos a respaldarla con fisioterapia, que quiere decir en lenguaje común que también le daremos una medicina.

— Así que, ¿cual es la medicina?

— Carbonato de litio — me contestó el médico.

Había escuchado hablar de ella y tenía mis propias ideas.

— Ése todavía está en experimentación, ¿no es cierto? — le pregunté.

Había rebuscado información sobre él, por si acaso. El litio, el más liviano de todos los metales, se encuentra en combinación con ciertas formaciones rocosas. Los pacientes con enfermedades mentales en los Estados Unidos habían estado tomando la medicina desde principios de la década de los años setenta y se consideraban alentadores los resultados, pero yo no estaba dispuesto a ser conejillo de Indias de la sala psiquiátrica.

— La investigación nunca se detiene, pero el litio definitivamente se ha probado a sí mismo — explicó el médico —. Hay suficientes datos disponibles para hacerlo su mejor jugada ahorita . . . tal vez su única jugada.

— Lo siento, pero no me gusta la idea — dije gruñendo.

Ahora tenía un paciente terco y rebelde en sus manos . . . con la espalda tiesa, quijada salida, brazos cruzados y todo.

— No le queda ninguna alternativa — dijo el médico de modo terminante, inclinándose hacia adelante sobre su escritorio —. Está en graves problemas, Stan — añadió inflexible —, y si no hacemos algo al respecto ahora mismo se va a encontrar en peores problemas todavía. ¿Entiende eso? Queremos curarlo y permitirlo salir de aquí. Por eso va a comenzar su régimen de litio hoy.

Me dijo que me fuera a la estación de enfermeras y comenzara con mi primera dosis.

Así que, iniciarme en el tratamiento de carbonato de litio es precisamente lo que hice, aunque no me gustara. La mejoría fue rápida y espectacular. En realidad, dos semanas después los psiquiatras me consideraron lo suficientemente estabilizado como para darme de alta del hospital.

— ¿Cuándo puedo dejar de tomarme estas pastillas? — quería saber.

— Tal vez más tarde, tal vez nunca — me respondió con astucia, pero con franqueza el médico; luego me entregó una receta —. Haremos exámenes de sangre varias veces al año y veremos cómo está su nivel de litio. Es probable que su dosificación necesite ajustes de cuando en cuando. Pero lo más importante no es que esté o no en tratamiento con litio o con cualquier otra medicina; lo importante es estar estabilizado y vivir una vida normal. Lo importante es mejorarse, ¿correcto?

— Si usted lo dice — le contesté de mal humor, y pronto estuve camino a casa.

A pesar de mi escepticismo, durante casi una década después de eso disfruté de una vida cada vez más normal en los aspectos que me parecían más importantes: mental, físico y social. ¿Lo espiritual? Bueno, era un departamento que no me interesaba . . . no entonces, por lo menos. Pero parece que a Dios si le interesaba.

Poco después estaría vislumbrando la obra de su mano en el desarrollo de mi conciencia espiritual también, aunque no era de la manera que yo lo hubiera planeado.

Un inesperado descalabro en mi destino se inició en una pequeña tienda de víveres donde alguien había abierto una caja de mercancía y dejado las bandas de plástico en el pasadizo, me tropecé con torpeza en las bandas y caí de bruces en el piso de concreto, hiriéndome varias vértebras cervicales y lumbares en el proceso de la caída. Es probable que pequeñas aventuras desagradables como ésa desequilibraran la vida de cualquiera, pero resultó ser muy traumática para mí. Por esa época había abierto mi propia tienda de artículos deportivos y me había casado con la muchacha con quien había estado saliendo durante cinco años. Me consideraba un deportista consumado, cada vez más complacido con mis habilidades en el softbol, el tenis y cualquier otra cosa que ofreciera oportunidades de competir. El negocio del almacén iba bien. En el ámbito social me veía como el centro de atracción de las fiestas, en especial después de unos tragos y uno o dos cigarrillos de mariguana.

Sin embargo, después de mi lesión de la espalda las cosas comenzaron a ir de mal en peor. Los analgésicos y los somníferos me quitaban la irritabilidad producto de mis constantes dolores, pero no mezclaban bien con el trago, la mariguana y el litio. Ninguna de estas cosas contribuía a la felicidad de mi matrimonio. La carrera de enfermera de mi esposa le tomaba más y más de su tiempo y yo no estaba dándole exactamente máxima prioridad al mejoramiento de nuestra relación. Cada día parecía traer nuevos conflictos. Comencé a sentirme como un boxeador en el cuadrilátero cuando de pronto se da cuenta de que la pelea está mal hermanada en forma irremediable. Sonó la campana para comenzar el asalto número uno cada mañana en mi almacén, donde el negocio se deterioraba, y el asalto número dos se iniciaba por las tardes cuando llegaba a casa para encontrar a una esposa cada vez menos satisfecha con su elección de esposo. Este no es el medio ambiente en que prosperan los bipolares. Fuera de todo esto, me estaba descuidando con mis dosis diarias, lo cual me ponía en la posición de "blanco" para un nuevo episodio de depresión maniaca.

Por fin llegó la primera recaída de mis oscilaciones de estado de ánimo, volteando todo mi mundo hacia la columna de "pérdidas". Debí retornar a mi régimen de litio al primer síntoma del problema, pero no lo hice, y no pasó mucho tiempo antes que lo considerara como una causa perdida. Incapaz de hacerle frente a mi irritabilidad y mis circunstancias personales, mi esposa insistió en un divorcio. Poco después ella me embargó el auto. Por fin, en total derrota, recogí la única posesión de valor que me quedaba, un perro de orejas caídas llamado Franco, y me mudé con mis padres. Después de años de una buena salud mental di un frenazo en seco debido a episodios descontrolados de depresión maniaca ¡y no tenía a nadie a quien culpar sino a mí mismo!

Las luchas de los que cuidan de los pacientes mentales

Cuando alguien con fuertes lazos familiares se ha hundido en episodios cada vez peores de la depresión, el efecto es tan destructivo como descorazonador para todos en el infeliz círculo. Otros miembros de la familia tienen que proteger el bienestar y proveer las necesidades de su pariente, mientras al mismo tiempo continúan con todas sus obligaciones, responsabilidades y relaciones regulares. Las exigencias adicionales sobre su tiempo y energía son lo suficientemente amenazadoras. Aun peor puede ser la nube de perplejidad, ira, censura, resentimiento, culpa y confusión bajo la cual tienen que funcionar ahora.

Una dificultad inmediata es la posibilidad de un diagnóstico equivocado. Al someter a una persona con diagnóstico de depresión a un examen más riguroso, se puede encontrar que el paciente sufre en realidad de diabetes, la enfermedad de Alzheimer (u otra forma de demencia), disfunción glandular, una deficiencia nutritiva o una adicción no declarada. En efecto, los libros de referencia médica tienen una lista de unas setenta y cinco enfermedades con síntomas tempranos que incluyen algún grado de disfunción emocional. Un diagnóstico preciso requiere una esmerada consagración y una bien desarrollada comprensión de la lectura de los síntomas. Lo que a primera vista parece ser un problema emocional puede, al final, resultar ser una disfunción física fácil de solucionar mediante una intervención médica.

Por lo tanto, se vuelve la responsabilidad del psicoterapeuta que escucha las quejas del paciente deprimido, buscar con gran cuidado las posibilidades de una disfunción biológica antes de concluir que es sólo un problema psicológico. Para complicar más el proceso, se han identificado varias clases diferentes de depresión. Un gran número están relacionadas con una deficiencia o un exceso de ciertas sustancias químicas que afectan nuestros procesos de pensamiento y de sentimientos. Aunque estas sustancias se caracterizan por existir en cantidades infinitesimales, con frecuencia tienen papeles de importancia crucial en lo más profundo del funcionamiento misterioso de nuestro cerebro.

Por falta de un diagnóstico preciso, los parientes pueden no estar conscientes de que el desequilibrio químico puede ser la causa de la actitud y comportamiento caprichoso de su ser querido. Pueden ser muy apresurados al adjudicar la culpa. Se ponen a prueba y exceden los límites del amor y de la paciencia. Las amenazas y las acusaciones reemplazan los intercambios corteses, y en poco tiempo se torna intensa la lucha contra todos estos enemigos invisibles. El resultado es el deterioro de las actitudes y relaciones. El veneno se esparce y la vida familiar deja de ser divertida.

La primera carga sobre la estabilidad de la familia es la cada vez mayor ausencia de su lugar por parte de la persona afectada. Él o ella deja de ser confiable, así que los demás tienen que compensar al aceptar responsabilidades nuevas y con frecuencia desagradables. La desorganización más severa de la vida familiar llega cuando el paciente es el proveedor principal. En este caso no sólo se presentan los gastos adicionales del tratamiento, sino también la inevitable pérdida de los ingresos.

Si la persona afectada es uno de los miembros más jóvenes de la familia, los padres sufren la angustia de observar a su hijo perder la lucha contra esos dragones personales. Además, se ven arrastrados, muy a su pesar, por la arena, con demasiada frecuencia como jueces. Todas sus esperanzas y expectativas para el futuro de su hijo parecen estar amenazadas y puede ser necesario, en efecto, reevaluarlas. Pronto se encuentran doloridos por quien hubiera podido ser un éxito en la vida. En vez de un contribuyente al bienestar de la familia y de su imagen, el hijo afectado puede convertirse en una carga para el presupuesto y la energía; tal vez un estorbo y sin duda una dificultad emocional. Esta inversión del bienestar de la familia genera ira y resentimiento. Eso, a su vez, se refleja en sentimientos devastadores de culpa por parte de todos los miembros de la familia incapaces de soportar las incómodas circunstancias.

No es de sorprender que los seres queridos pregunten: "¿Cuál es la manera más segura, más rápida y más económica de sacarlo de esto y lograr que las cosas vuelvan a la normalidad? ¿Cómo podemos salir de esta pesadilla?" El dolor, la frustración y el costo devastador amenazan la cohesión y la paz dentro de la unidad familiar.

Hay también algo más, algo sutil, pero tal vez aún más amenazador. La palabra para eso es "estigma". La mayoría de nosotros, cuando alguien de una familia tiene lo que se llama en voz baja "un problema mental", lo colocamos a él y a sus parientes cercanos bajo nubes de sospecha. Los chismosos se encargan de que nadie quede sin saber los oscuros misterios allá tapados. Los amigos y vecinos anteriores pueden con crueldad aislar a toda la familia.

Esa actitud excluyente es sólo ligeramente menos inhumana que la forma como los fenicios percibían y trataban a los enfermos mentales en el siglo séptimo antes de Cristo. Se cuenta que periódicamente acorralaban a sus ciudadanos trastornados (y quién sabe que criterios se usaban para identificarlos) y los arreaban dentro de barcos viejos considerados no aptos para la navegación y llamados "barcos de bobos". Se les proveía con lo que los oficiales fenicios tuvieran a bien suministrarles, los llevaban mar dentro en el Mediterráneo y los dejaban a la deriva. Si lograban llegar por sí solos a algún puerto más hospitalario, muy bien; ¿si no . . . ? Puesto que se les consideraba infrahumanos, su destino final no era de gran importancia para quienes se consideraban a sí mismos sanos.

Curaciones antiguas

A través de los siglos, otros varios enfoques se han intentado para tratar con el problema de las enfermedades mentales. Si usted hubiera vivido durante la edad media y hubiera tenido la mala fortuna, justa o injustamente, de ser marcado como loco, lo más probable es que hubieran llamado a los exorcistas para sacar los demonios de su cabeza trastornada. Fuera de la influencia de demonios salvajes e incivilizados, los médicos no conocían otra posible causa del comportamiento poco convencional y craso. Cada practicante tenía su manera singular de lograr la sanidad de la influencia demoniaca, y todas eran desagradables. Además, los procedimientos rara vez tenían éxito.

La idea de un asilo para los locos se desarrolló por primera vez en Inglaterra a comienzos del siglo quince. Se convirtió para ese propósito el hospital de Santa María de Belén (conocido como *Bedlam* en inglés) en el sector londinense de Bishopsgate hace casi seis siglos y pronto el lugar se volvió infame por la brutalidad con que se trataba a los pacientes. A los reclusos a quienes se consideraba necesario restringir, los encadenaban a las paredes, los golpearon, los dejaban aguantar hambre y los trataban con más crueldad que si fueran animales salvajes. Los londinenses consideraban Bedlam como un sitio de caos y confusión.

Se introdujeron los primeros tratamientos de *shock* para los enfermos mentales por la misma época en que se creó Bedlam, pero todavía no se había descubierto la electricidad. El método más primitivo para tratar de estimular el sistema nervioso para que regresara a la normalidad era abrir huecos en la superficie de los lagos congelados de Europa y dejar caer a los pacientes dentro del agua casi congelada. De cuando en cuando, entre los sobrevivientes al tratamiento, había algunos que mostraban mejoría. Otros terapeutas, quizás más imaginativos, crearon taburetes que giraban con rapidez y les daban vueltas a los pacientes hasta que sangraban por los oídos. No se consideraba cruel ninguno de los procedimientos, puesto que los pacientes estaban trastornados. Si lograban sobrevivir, se esperaba que las arrugas de sus cerebros quedarían alisadas, su racionalidad restaurada y su cordura recuperada. ¿Cuál era la tasa de éxito? Bien, eso fue antes que los practicantes comenzaran a llevar registros de investigación confiables. Sólo se puede especular sobre la eficacia del tratamiento.

El enfoque moderno

La ciencia médica moderna ha ideado pruebas más humanas que ofrecen diagnósticos mucho más confiables. Para comenzar, con frecuencia se pueden identificar la causa y la cura del desorden. En los frecuentes casos en los cuales un desequilibrio químico es la causa de los síntomas, se puede poner ese desequilibrio bajo control. En nuestra cultura moderna los bautismos congelados y los taburetes giratorios ya no son adecuados.

Si tenemos un ser querido que sufre de ataques severos de depresión, de manera instintiva lo protegemos de la palabra condenatoria "loco". Queremos saber de manera más específica cuál es la causa del problema y qué medicina o tratamiento psicológico puede ofrecer un plan factible para superarlo. La pregunta que está a flor de labios en los miles que sufren de depresión y de otros miles más que los cuidan es esta: "¿Podremos alguna vez vivir una vida normal?"

La respuesta reconfortante de la ciencia médica es: "Sí, podemos ayudarle a determinar la verdad y podemos tratar la disfunción." Se pueden analizar tanto la sangre como la orina para determinar si un desequilibrio de litio o algún otro elemento químico puede ser el responsable de las fuertes oscilaciones del estado de ánimo que amenaza la estabilidad de la vida de una persona o de una familia. Mediante investigación incansable y con costos inmensos, los biólogos han acumulado una cantidad impresionante de conocimientos, tanto prácticos como teóricos, con relación a las causas y a la cura de la depresión en sus diferentes formas. Todavía han de recopilarse más conocimientos, pero la ciencia ya ha tenido un comienzo impresionante. Menos misterios quedan pendientes. Los investigadores están determinando las respuestas autorizadas a preguntas como:

- ¿Cuáles son las células del cerebro que están comprometidas cuando se observan cambios del comportamiento, y exactamente qué es lo que las afecta?
- Una vez que se identifican las células, ¿cuáles de las sustancias químicas del cuerpo están comprometidas en los cambios?
- ¿Por qué es que estas células sufren desequilibrio en el cerebro de una persona y no en el de otra?
- ¿Mediante qué pruebas se puede verificar este desequilibrio?
- ¿Qué glándulas o tejidos se encuentran involucrados para causar el desequilibrio?
- ¿Qué medicinas, y en qué dosis, pueden cambiar la forma en que estos órganos desempeñan su papel sin causar daño a las demás funciones del organismo?

Desde que por primera vez se reconoció la depresión en sus diferentes formas como una disfunción, la ciencia médica ha buscado respuestas a varias preguntas pragmáticas. Los investigadores exigen respuestas que sean más confiables que la mera teoría u optimismo deslumbrante:

- ¿Podemos tratar la depresión de manera eficaz?
- ¿Podemos mantener las diferencias clínicas entre los unipolares y los bipolares?
- ¿Podemos curar ambas, una vez que se hayan establecido?
- ¿Podemos preverlas y prevenirlas?

La ciencia de la mente

Se ha logrado un enorme progreso en los últimos años hacia una comprensión más clara de las funciones de la mente humana. En realidad, la ciencia ha dado pasos gigantescos hacia una real interferencia con estas funciones para corregirlas cuando se tuercen. Este amplio modo de ver nos capacita para revisar teorías no probadas que están arraigadas en los mitos antiguos. De nuestros antepasados hemos heredado una brecha conceptual entre la idea de mente y la idea de cuerpo. Los descubrimientos recientes han ido angostando esa brecha, pero tiene que angostarse todavía más.

La ciencia busca con asiduidad más que el simple conocimiento. Aspira no sólo a comprender los misterios todavía no resueltos del cuerpo y de la mente, sino también a ejercitar un adecuado grado de control donde y cuando se necesite. En estas exploraciones, la ciencia con un increíble arrojo ha explorado los secretos del cerebro y aislado las mismas células de las cuales emergen los procesos del pensamiento. Se han explorado, analizado y medido aun las regiones submicroscópicas entre las células nerviosas y los tejidos que las ligan. En el proceso, se han identificado y medido sustancias químicas sintetizadas en cantidades increíblemente pequeñas durante nuestros procesos de pensar y de sentir. Cada vez menos de los secretos del cuerpo siguen siendo desconocidos. Los investigadores saben ahora los materiales de construcción precisos con los cuales se hacen las paredes de las células cerebrales. Pueden identificar los iones exactos que penetran esas paredes. Estas son las sustancias químicas que en cantidades adecuadas nos permiten pensar y sentir.

Dicho esto, sin embargo, debemos observar en la otra cara de la moneda la naturaleza a veces inexacta de los descubrimientos científicos. Es lamentable que la falibilidad e ineptitud también son debilidades humanas que están arraigadas con firmeza entre los profesionales capacitados. A pesar de los avances científicos increíbles, todavía nos confrontamos con el hecho inquietante de que aun hoy día más de un tercio de los diagnósticos clínicos de depresión resultan estar equivocados. Agréguele a esto el número de víctimas deprimidas que ni siquiera se diagnostican y uno siente la frustración de un enfoque estadístico al problema de la salud mental.

Lo que sí sabemos es que el comportamiento de todas las partes del cuerpo es una consecuencia de procesos que se originan en el cerebro. El producto — lo que hacemos y la forma como funcionamos, sea voluntaria o involuntariamente — no es mejor que el proceso que lo produce. Así que el comportamiento humano surge de una interacción algunas veces voluble entre las neuronas del cerebro. Las posibles combinaciones para tan sólo las interacciones normales entre las células cerebrales llegan a los miles de millones. El proceso correspondiente es tanto químico como electrónico, ofreciendo así una astronómicamente inmensa variedad de alternativas en el comportamiento humano. Pero el escoger las alternativas no es una función puramente mecánica; también es voluntaria. El proceso toca los valores y las prioridades arraigados y éstos implican la responsabilidad humana. La ciencia no puede presumir que discierne con precisión el punto exacto en el cual entra en el cuadro la responsabilidad moral. Aun así, tiene que reconocer que estos valores elusivos son, en efecto, parte del proceso.

Las implicaciones morales

¿Cuáles, entonces, son las implicaciones, morales, éticas y finalmente teológicas de la investigación médica dentro de los mecanismos del cerebro? ¿Somos sólo autómatas bioquímicos y por tanto amorales? Porque llamamos la función de nuestro cerebro un proceso, ¿deja eso de hacernos responsables de nuestras decisiones? ¿Somos sólo los peones indefensos de las interacciones celulares y químicas de la materia cerebral, un proceso que depende por entero del funcionamiento adecuado de la maquinaria? Cuando nos equivocamos, ¿podemos alegar que somos víctimas de las probabilidades y de las combinaciones elusivas más allá de nuestro control?

Al buscar las respuestas debemos recordar que la controversia de Dios con nosotros parece que tiene que ver principalmente con nuestra naturaleza caída, no con una documentación caso por caso de nuestros actos de desobediencia e incredulidad. La base de nuestro dilema humano es que pecamos porque estamos perdidos y no al contrario. Se inicia con nuestra forma equivocada de pensar, de manera especial con nuestros razonamiento sobre Dios mismo. Las aplicaciones burdamente irracionales de la fe presuntuosa que encontramos dentro de nuestra sociedad reflejan la realidad de esa naturaleza caída.

¿Quién es el responsable, por ejemplo, cuando un manipulador de serpientes y bebedor de veneno de las montañas Apalaches muere sufriendo dolores horrorosos durante lo que él con sinceridad cree ser una demostración en adoración de su fe?

La prueba de la fe con culebras y cianuro

Un sábado por la noche de 1973, en una pequeña iglesia de una sola habitación al final de un camino serpenteante a través de una pequeña hondonada en Carson Springs, Tennessee, los *Cramerton Mountain Gospel Boys* (Los muchachos del evangelio de la montaña Cramerton) de Carolina del Norte se encuentran "haciendo música para Jesús" — música bulliciosa — y ya la "parranda" ha comenzado. El reverendo Jimmy Ray Williams de treinta y cuatro años de edad entra por la puerta de la Iglesia de la Santidad de Dios en el Nombre de Jesús con su esposa Mary Kate y sus dos hijos a la zaga. Cinco automóviles llenos de amigos de Carolina del Norte han hecho el viaje por las montañas con los músicos para cantar alabanzas, escuchar el sermón lleno del Espíritu y ver con sus propios ojos las actuaciones electrizantes que separan a estas personas de los creyentes menos esclarecidos. Los hombres del grupo de visitantes se han acercado a los otros al frente, dando vueltas alrededor del púlpito mientras esperan que comience el sermón. Se turnan demostrando las señales y las maravillas con las que una clase especial de creyentes en este rincón de las Apalaches confirman su fe en un Dios que obra milagros. Creen que han descubierto su fórmula de poder en un versículo aislado al final del Evangelio según San Marcos.

Las herramientas de su alabanza son espantosas y singulares, en especial para los pocos pusilánimes como Mary Kate. Los hombres no toman en sus manos cruces, velas o incienso, sino reptiles venenosos sacados con orgullo de cajas colocadas tras el púlpito. La parafernalia de la alabanza que usan estos campesinos son culebras de cascabel, cobras y mocasines de agua: reptiles sin descolmillar y de los cuales no se ha extraído el veneno. El entusiasmo aumenta en la medida que manosean y besan los reptiles. Tan pronto como un manipulador suelta una serpiente que se retuerce, otro la recoge. Como lo pudo atestiguar el reverendo Robert Grooms más tarde, fue sin duda la mejor reunión que él y sus hermanos en el Señor habían presenciado. Según él: "¡Hubo muchísima unción!"

Dejando a su familia sentada en las bancas de madera, el reverendo Jimmy Ray se dirige a zancadas al frente. Antes de recoger una

culebra coloca un frasquito de estricnina en polvo, legalmente prohibida, en el púlpito. Por un momento se silenciaron los gritos de
"¡Gloria a Dios!" y "¡Alabado sea Jesús!" cuando los devotos, al ver
el frasquito, se dieron cuenta de lo que puede haber sido planeado
para el clímax del culto de alabanza de desafío a la muerte de esta
noche. Sería la primera vez que los miembros de esa pequeña iglesia
fueran testigos de alguien que en realidad demostraba la aterradora
cuarta de esas cinco señales de unción espiritual.

Las cinco señales

> *Y estas señales seguirán a los que creen: En mi nombre echarán*
> *fuera demonios; hablarán nuevas lenguas; tomarán en las manos*
> *serpientes, y si bebieran cosa mortífera, no les hará daño; sobre los*
> *enfermos pondrán sus manos, y sanarán.*

Marcos 16:17-18

A pesar de las dudas que nublan la autenticidad de esa porción en
particular de la Biblia (los manuscritos más antiguos y más confiables
en los idiomas originales cierran el capítulo con el versículo ocho),
los manipuladores de serpientes en el sur rural de los Estados Unidos
creen con fervor que Jesús estableció estas cinco señales como una
prueba de fe. Creen que las personas de fe están obligadas a demostrar
las señales ante un mundo dudoso. Sólo mediante estas señales
pueden confirmar la sinceridad de sus creencias y dar testimonio del
poder de Dios. Los verdaderos cristianos, están convencidos, no sólo
echarán demonios y hablarán en lenguas, sino que también manipu-
larán serpientes. Para completar la lista, deben beber veneno y, claro,
sanar los enfermos.

En un libro poco conocido titulado *Los profetas perseguidos*[*], Robert W. Pelton — un miembro del rebaño de las cinco señales, según
parece por la forma como escribe — describe lo que pasó esa noche
en Carson Springs cuando las cosas de alguna manera se salieron de
control:

> *La emoción crecía continuamente. Un gran número de personas*

---

[*]   *The Persecuted Prophets*, Cranbury, Nueva Jersey: A. S. Barnes & Co., 1976, p. 85.

sintieron entrar el Espíritu, como lo evidenciaban los gritos de exuberancia acompañados por la danza salvaje y desinhibida en las bancas y los pasillos. El palmoteo y varias lenguas contribuían al estado de ánimo del momento. La atmósfera misma parecía estar cargada con una corriente de energía eléctrica. El ambiente dentro y fuera del recinto era voltaico. Había puro caos en la pequeña iglesia.

Continúa el espectáculo

Jimmy Ray pasa ahora su culebra de cascabel a uno de los otros hombres, y con premeditación estudiada, mientras la congregación observa pasmada, vierte el polvo de estricnina en un vaso de agua y lo revuelve bien. Jimmy Ray ostenta los instintos de un verdadero director de espectáculos. Durante un momento sostiene el brebaje ante sí, como si estuviera brindando por el Señor. Entonces con rapidez se bebe casi la mitad del líquido envenenado y sin chistar regresa a la caja de culebras mientras Burl Barbee pasa al frente para predicar un sermón apasionado sobre el poder de Jesús. El libro de Pelton continua:

> Él [Jimmy Ray] estaba gozándose totalmente en el Espíritu Santo. La música parecía aumentar en volumen y la concurrencia reaccionaba de conformidad. Se paraban, saltaban y gritaban. Cada actividad exaltada alababa a Jesús. Bailaban de manera salvaje y palmoteaban al unísono. Alzaban los brazos al Señor y lo glorificaban a gritos.[*]

Buford Pack, anteriormente paracaidista y padre de tres niños, sale del caos y envuelve en su mano el resto de la solución de estricnina. Con anterioridad ha demostrado su fe bebiendo ácido de batería durante una campaña de avivamiento bajo carpa en Brevard, Carolina del Norte, pero ésta es su primera experiencia con un veneno mortal. Clyde Ricker, quien se encontraba de pie a su lado, atestiguó más tarde que la mano de Buford temblaba, pero Clyde insistió en que era "el poder devastador de la unción". Otros consideraban que el paracaidista tenía miedo.

---

[*] Ibídem.

— No estoy seguro si esto es estricnina o no — dice Buford —, pero me la voy a tomar.

— Es de verdad estricnina — dice Jimmy Ray, haciendo una mueca; para entonces tiene bases para creer que el veneno es real.

— Hago esto para confirmar la Palabra de Dios — dice Buford con solemnidad justo antes de tomarse la mayor parte del líquido que quedaba.

Hubiera sido más rápido y menos doloroso haberle colocado una pistola en la sien y disparado. La descripción del libro continúa:

> *Con algarabía, gritaban alabanzas a Dios y repetían "amén" en todos los rincones de la iglesia. Buford se unió a sus hermanos en la fe a medida que el agitado ritmo continuaba como antes. . . . Se estaba ungiendo para predicar. Alzó su voz notoriamente a medida que continuaba por encima del pandemonio.* [*]

Al terminar su sermón, Buford se dirige de manera incierta hacia la puerta y sale al aire nocturno. Mientras tanto, Burl Burbee toma el vaso que contiene unos pocos sorbos y lo huele, dudando si beberlo o no. Jimmy Ray, todavía "bajo el poder de una unción poderosa", le rapa el veneno y se toma el resto. Momentos después, cae temblando al suelo. Está consciente pero incapaz de mover las piernas.

— Todo saldrá bien — dice jadeando mientras los devotos lo colocan en una de las bancas de madera; Mary Kate corre a su lado lloriqueando, aterrada, y jadeando.

Don Pack, al darse cuenta de que su hermano ha bebido estricnina, se recuesta contra la camioneta rosada de Buford y se asoma por la ventana abierta para ver si su hermano se encuentra allí.

— No sacudas el auto — balbucea una voz agonizante desde el asiento delantero.

Como Jimmy Ray dentro de la iglesia en la banca de madera, Buford se está muriendo en el asiento de su camioneta.

— ¡Señor Jesús, reprende este veneno! — una voz detrás de Don ordena en oración.

— ¡Dios, sana a este hombre! — ruega otro.

---

[*] Ibídem, p. 90.

— ¡Jesús, Jesús, ayuda a este hermano!

Estaban ansiosos de ver un milagro; era necesario verlo para fortalecer su fe.

Para entonces la cara de Buford está pálida y sus labios azules. Alguien masajea sus brazos y piernas y él se queja. Tiene convulsiones momentáneas, pero los temblores pronto cesan y Buford yace quieto.

Justificación de la muerte

Colocan a Jimmy Ray, casi inconsciente, en la camioneta de Doyle Williams y lo llevan por el camino serpenteante a su casa, sus ojos "volteados y caídos en sus cuencas". Mary Kate va en otro automóvil. Frente de la casa, todavía acostado en la banca delantera con el brazo de Doyle abrazándolo, Jimmy Ray gruñe su rechazo a la oferta del alguacil Bobby Stinson de llevarlo al hospital. Casi histérica y sin deseos de observar, Mary Kate entra a la casa con dos de las mujeres. Otros creyentes se reúnen para orar. Con voces de autoridad lanzan los demonios. A gritos exigen sanidad y llaman a los ángeles a diestra y siniestra. Confían en que la noche llena de acontecimientos está a punto de traerles un milagro.

El reverendo Alfred Ball es menos optimista. Dice en voz baja a quienes rodean a este herido hermano en el Señor que unas tinieblas espirituales han descendido a su alrededor, las cuales cree ser un anuncio de Dios de que Jimmy Ray morirá. Todavía, los hombres siguen orando. En pocos minutos Jimmy Ray entra en convulsiones violentas.

— Ténganme las piernas — dice en voz baja.

Treinta segundos más tarde los temblores cesan y queda quieto, sus ojos muy abiertos, sin respirar.

El cuerpo fláccido y sin vida de Buford, recostado en el hombro de su hermano mayor, ya lo han llevado camino abajo al hogar de los Pack.

Extraordinariamente, esto no contradice las doctrinas sostenidas por los miembros de la secta. "Ambos terminaron su trabajo", explican algunos de los creyentes, sacudiendo la cabeza de manera afirmativa y mirándose unos a otros buscando apoyo. Por un breve instante en la historia estas víctimas gozan del estado de mártires. No hay perdedores.

— Sí — dice uno de los miembros de la Iglesia de la Santidad de

Dios en el Nombre de Jesús —, Dios los dejó morir e ir a una vida mejor porque ya habían acabado con su misión aquí en la tierra. Sus sendas son inescrutables y maravillosas.

Este es uno de los aspectos inquietantes de la fe presuntuosa. Cuando cae en descrédito, los actores del trágico drama siempre pueden fabricar una explicación de la falla doctrinal. Si sus profecías no se materializan, justifican el hecho diciendo: "¡Ajá! Conque eso era lo que Él quería decir. Ahora vemos por qué Dios escogió hacerlo en forma diferente." Tienen a Dios analizado ... después de los hechos. Creen con presunción que conocen la mente de Dios. Así la gente que hace reclamos mediante la fe presuntuosa contribuye alegremente a su propia delincuencia.

Pero un momento ... ¿son los manipuladores de serpientes y los bebedores de veneno ejemplos adecuados de lo que llamamos "fe presuntuosa"?

La definición de presunción

Los diccionarios están de acuerdo en que "presunción" es la palabra de uso adecuado cuando algo que no está establecido de manera convincente, por más honradamente que se desee, se da por sentado que sea verdad. Un diccionario describe presunción como "una osadía injustificada". Ciertamente ese término se aplica adecuadamente al desafío inútil a la muerte como un acto de alabanza. El Dios de la Biblia no recibe gloria cuando quienes afirman conocerlo se portan como locos y lo hacen en su nombre. No se manifiestan ni su poder ni su sabiduría cuando su pueblo con temeridad y arrogancia manipula serpientes venenosas, bebe veneno letal y toma soda cáustica, "glorificando a Dios y alabando a Jesús" todo el tiempo.

Otro diccionario dice que presunción es "presuponer". En cierto sentido eso es verdad. Sin embargo, hay veces en que todos tenemos que usar premisas bien establecidas como presuposiciones. Por ejemplo, quienes conocemos a Cristo como Salvador "presuponemos" ciertas verdades y realidades relacionadas con la persona y obra de Jesucristo. Sin embargo, no presumimos la deidad de Cristo, la realidad de su ministerio en la tierra, la naturaleza de sus milagros y la eficacia de su muerte por nuestros pecados. Tenemos fuentes autorizadas y confiables para esos hechos doctrinales. Reclamamos con gratitud y sin dudar el perdón y aceptación que nuestro Padre celestial nos ofrece mediante su gracia. Como creyentes, no dudamos la autenticidad de nuestro nacimiento espiritual a su reino. Todas estas cosas son nuestras mediante la fe basada en la exégesis consecuente de la Biblia y la prueba final que es la resurrección de Cristo de los muertos.

El acoger por fe esas verdades fundamentales no es presuntuoso. Tenemos pruebas sólidas. Sin embargo, esta confirmación del fundamento de nuestra fe tiene que *fluir* de las Escrituras y no ser urdida por la fuerza y por el ingenio humano. Estas verdades tienen que encontrarse reflejadas en el registro histórico y (tal vez de manera más abstracta) en el tranquilo y racional testimonio orientado por la Palabra que Dios el Espíritu Santo da en los corazones de quienes creen.

"Presuntuoso", entonces, parece ser la palabra adecuada para calificar creencias y argumentos de apoyo que no están respaldados por la Biblia. Las doctrinas arraigadas en la tradición, la fantasía o énfasis injustificado sobre detalles frívolos pueden volverse guías erróneas y equivocadas del comportamiento humano. Nuestra responsabilidad como creyentes es determinar con autoridad y de manera racional lo que es verdadero y real, y así lo que se puede presuponer con relación a los pensamientos y caminos revelados de Dios. Las deducciones y suposiciones espurias de textos aislados de la Biblia no son suficientes; tampoco lo es el confundir lo que queremos con lo que Dios promete en su Palabra.

¿Hechos temerarios para Dios?

La fe que determina la voluntad y el propósito de Dios en la vida de cada creyente es un tapiz formado no de un hilo de un solo color, sino de una mezcla de todo el espectro de la verdad revelada.

Las serpientes se encuentran en la Biblia, comenzando con la aparición de la serpiente en el huerto del Edén cuando el demonio tentó a nuestros primeros padres a que comieran la fruta prohibida. Se describe al demonio como un mentiroso y un engañador y desde su aparición inicial en el Edén ha confundido la mente del hombre con relación a Dios. Es "astuta, más que todos los animales del campo que Jehová Dios había hecho" (Génesis 3:1), y su trabajo más productivo se hace en el reino del celo religioso concebido de manera equivocada. Pablo nos revela que la serpiente, el mismo demonio, todavía tuerce el concepto que las personas tienen de Dios:

> *Pero temo que como la serpiente con su astucia engañó a Eva, vuestros sentidos sean de alguna manera extraviados de la sincera fidelidad a Cristo. Porque si viene alguno predicando a otro Jesús que el que os hemos predicado, o si recibís otro espíritu que el que habéis recibido, u otro evangelio que el que habéis aceptado, bien lo toleráis.*

2 Corintios 11:3-4

Pablo, claro, tenía experiencia de primera mano con serpientes y el demonio. Como prisionero de los romanos, náufrago en la isla de Malta, recogió una haz de leña e hizo una hoguera para aliviar el frío y la humedad. Obligado a salir por el calor del fuego, una serpiente venenosa clavó sus colmillos en la mano del apóstol. Los supersticiosos isleños que vieron la culebra inyectar veneno a este extraño visitante dieron por sentado que era un asesino que castigaban los dioses. "Ellos estaban esperando que él se hinchase, o cayese muerto de repente; mas habiendo esperado mucho, y viendo que ningún mal le venía, cambiaron de parecer y dijeron que era un dios" (Hechos 28:6).

Tres hechos importantes parecen claros de ese relato bíblico:
1. Pablo no se expuso presuntuosa y deliberadamente a la serpiente venenosa. El episodio inesperado no fue planeado. No fue una demostración de fe.
2. Dios en su providencia anuló las consecuencias naturales del veneno de la culebra para que Pablo pudiera continuar el ministerio para el cual Dios lo había llamado.
3. El acontecimiento milagroso no trajo gloria inmediata a Dios. Por el contrario, los nativos de Malta decidieron que el mismo Pablo era un dios y querían adorarlo.

Hechos de bravura temeraria pueden traer gloria momentánea a la persona que blandea serpientes venenosas o que desafía la ley natural tomando veneno, pero es difícil ver cómo estas travesuras le traen gloria a Dios. Tal vez traigan notoriedad a los manipuladores y bebedores, pero eso de manera alguna glorifica a Dios. La guerra espiritual en la que participamos como creyentes no es entre Dios y los procesos naturales de su creación; es entre Dios y principados invisibles y poderes del aire. El armamento que Él nos ofrece para nuestra defensa no está compuesto de armas egocéntricas del mundo (véase 2 Corintios 10:4). Dios no revela ninguno de sus gloriosos atributos al desarmar culebras de cascabel y cobras o haciendo el cuerpo del creyente inmune a la estricnina proporcionada a sí mismo. El proceso presuntuoso de manejar culebras y de tomar bebidas venenosas son la ruleta rusa en vestido religioso. El sacrificio ocasional de una vida siempre la pueden explicar los jugadores; el fracaso no refuta la tesis sino que sirve sólo para intensificar el placer de los hipnotizados buscadores de gloria.

El deseo del hombre de poder y de control

Hay algo en todos nosotros que pide a gritos poder, poder sobrenatural que pueda cambiar el orden natural de las cosas. Queremos ordenar a las cosas malas que se vayan y verlas retirarse obedientes. Queremos ser Dios. Queremos reclamar para nosotros sólo lo que es bueno. Claro, lo hacemos con naturalidad. Lucifer, el jefe de los ángeles, renunció a su comunión con Dios mediante un intento de asumir un poder que no podía ser suyo.

> *Tú que decías en tu corazón: Subiré al cielo; en lo alto, junto a las estrellas de Dios, levantaré mi trono, y en el monte del testimonio me sentaré, a los lados del norte; sobre las alturas de las nubes subiré, y seré semejante al Altísimo.*

Isaías 14:13-15

Observe la preponderancia del uso de la primera persona que refleja un ego que aspira ser "semejante al Altísimo". Por ese esfuerzo de autobombo, se echó a Lucifer del cielo, junto con la tercera parte de los ángeles. Como la serpiente del Edén, él inyectó ese veneno de orgullo y ambición en las venas de nuestros primeros padres y la tendencia a codiciar el poder ha sido una debilidad humana desde entonces.

Nos obsesiona con demasiada facilidad el deseo de control. Para los seres humanos, la presunción viene de manera muy natural. Nos gloriamos pensando que hemos descubierto una fórmula que nos reviste de poder sobrenatural. Las exhibiciones de desafío a la muerte de los manipuladores de serpientes y bebedores de veneno de las

Apalaches son sólo uno de los disfraces bajo los cuales se ve la flaqueza humana.

Sin embargo, esta gente impetuosa son personas comunes y a veces ingenuas como la linda Vicki Hoosier de Micco, Virginia Occidental, quien a los dieciséis años manejaba culebras de cascabel de un metro y medio de longitud durante el culto en la iglesia de su pueblo. Otro fue el joven predicador Clyde Ricker de Hot Springs, Carolina del Norte, la primera persona que manejó una letal cobra de la India y vivió para contar la historia. También hubo el pastor Willie Sizemore de Columbus, Ohio. Éste rutinariamente en sus cultos llenaba una botella de Pepsi Cola con keroseno, la rellenaba con una mota de algodón en el cuello, le prendía un fósforo y bañaba su cara en la llama de a eso de cuarenta centímetros. Después de todo, ¿no promete Dios: "Cuando pases por el fuego, no te quemarás, ni la llama arderá en ti" (Isaías 43:2)? Sus feligreses insisten en que Willie no se quemaba.

Otra historia es la de Floyd McCall, un musculoso creyente de Greenville, Carolina del Norte, quien, cuando estaba debidamente "ungido", tomaba sorbos de ácido de batería o comía sosa cáustica a manotadas, "para mostrar que la palabra de Dios es verdad". Por último está el venerable obispo Kelly Williams de Switzer, Virginia Occidental, de quien se informa que tomó galones de estricnina durante un cuarto de siglo sin sufrir siquiera un dolor de estómago.

Sin embargo, no todos tuvieron éxito. Richard Lee Williams de Hilliard, Ohio, fue uno de esta compañía única, hasta la noche fatídica del 2 de abril de 1974. Conducía un culto de avivamiento en la Iglesia de Jesús del Evangelio Completo en Kistler, Virginia Occidental, donde los creyentes con alegría manejan culebras venenosas. Una gigantesca cascabel de dorso con rombos mordió al hermano Williams en la palma de su mano izquierda, luego hundió sus colmillos dentro de una arteria en su muñeca. Los médicos que tratan a las víctimas de mordedura de culebra estiman que las cascabeles matan sólo al un por ciento de las personas a quienes muerden, pero Richard Lee tuvo la mala suerte de caer dentro de la estadística.

Con un pañuelo amarrado alrededor de su muñeca para restañar la sangre, el joven y guapo predicador le habló durante un rato a la ansiosa congregación, asegurándoles que estaría bien. Instando a los santos a que oraran por él, se fue entonces a una casa cercana donde se alojaba para lo que había planeado como una semana de ganar almas.

A la mañana siguiente Richard Lee se encontraba agonizando y su brazo se había hinchado a un tamaño y una forma grotescos. Se había reventado la piel en la parte interior del codo y la herida supuraba. Con valentía, se negó a llamar a un médico, diciendo que Dios lo sanaría. Estuvo consciente casi hasta el fin. A las tres de la tarde, Richard Lee respiró por última vez. De manera increíble, sus colegas vieron lo sucedido como una victoria y no una derrota. Con relación a esa tragedia sin sentido, el autor Pelton escribe esta bendición fantástica:

> *Fue clavado en la cruz en el monte Calvario. Richard Williams condujo un ministerio breve pero eficaz y de largo alcance. Era evangelista, maestro y un trabajador incansable en las señales. Su fe le dio una vida nueva. Ha dado su vida por esa fe.* [*]

Otros, sin embargo, pudieran tener dificultad para aceptar la muerte inútil de un joven, guapo y brillante evangelista, como otra cosa que un repugnante ejercicio de fe presuntuosa.

---

[*] Ibídem, p. 163.

4

¿QUIÉN NECESITA A ESTE MESÍAS?

Estuve en la sala psiquiátrica sólo siete días, una semana que inició un cambio drástico y aterrador en mi vida.

Cada mañana me despertaba para encontrar un folleto religioso diferente al lado de mi almohada. No me podía imaginar de donde venían estos mensajes. Mi primera reacción fue la de resentimiento, luego una leve curiosidad y finalmente un vivo interés. Eran mensajes sobre Cristo y todos venían de algo o alguien llamado *Judíos por Jesús* y de la revista *Voz*.

Tenía un problema personal con eso. Los judíos con quienes crecí no pensaban mucho en Jesús. No es que estuvieran contra Él, sólo que no estaban por Él. Así que *Judíos por Jesús* parecía una contradicción extraña de términos. Sin embargo, a los tres días me encontré esperando leer lo que esta gente poco convencional tenía que decir acerca de Jesús, el hombre controvertido a quien algunos de nuestros antepasados judíos identificaron como el anhelado *mashíaj*. Pero ¿por qué yo? ¿Qué clase de persona pensaba que era importante que yo aprendiera todo esto sobre Jesús? ¿Era posible que hubiera pasado algo por alto durante todos estos años? Estaba ansioso por saber quién me dejaba esos folletos al lado de mi almohada y por qué era yo su blanco.

Algunos de los mensajes estaban redactados de manera diplomática. Otros iban al grano y eran contundentes. Todos trataban de Jesús, a quien siempre presentaban como nuestro *mashíaj* judío.

Pensé que era curioso que no era materia sólo del Nuevo Testamento. Muchas de las afirmaciones sobre Jesús fueron tomadas de la Biblia judía, lo que habían escrito los profetas del Antiguo Testamento. Parecía como si pudiera existir alguna conexión. ¿Y qué si fue de verdad el Mesías?

Voy a ser franco con usted: lo que me parecía de verdad inquietante era que los folletos se referían al cielo y al infierno como sitios reales, sitios a los cuales gente como yo de verdad van después de morir. Puesto que mis antecedentes no parecían ser adecuados para el cielo, no era difícil comprender cual sería la alternativa. Lo que no podía entender era lo que Jesús tenía que ver con todo eso. Los folletos parecían estar diciendo: "Es su eternidad, así que escoja; pero examine la evidencia antes de decidir." Eso era inquietante, tan inquietante que quería leer más.

Como todos los demás, yo había pensado sobre Dios de cuando en cuando. Me había preguntado sobre quién era y dónde estaba, y aun si en verdad existía, y cómo pudiera ser. Sin embargo, no se me había ocurrido pensar en complacerlo o si estaría con Él después de morirme. Después de leer un par de esos mensajes misteriosos las cosas comenzaron a cambiar. No podía pensar casi en nada más. Esas preguntas sobre Dios permanecían en mi mente la mayor parte del tiempo.

— ¿Encontraste los folletos que te dejé? — un médico amigo me preguntó un día hacia el fin de mi semana.

No era mi psiquiatra; era el padre de mi mejor amigo. Lo había idolatrado cuando era niño. Él pasaba con regularidad sólo para saludarme, por lo general después de sus rondas matinales.

— ¿Usted me dejó todo ese material sobre Jesús? — dije estupefacto.

¿Otro *judío* dejando material sobre Jesús bajo mi almohada?

— Claro — y algo de su sonrisa amable me tocó —. ¿Los leíste?

— Pues, sí — le contesté de manera tan casual como me fue posible.

— Bien — dijo indiferente —. Bueno, tengo que hacer otras rondas. Si necesitas algo, Stan, déjamelo saber.

— Sí, bueno — le dije, porque no podía pensar en nada más.

Luego, volviéndose al llegar a la puerta, de verdad me dejó loco.

— Que Dios te bendiga, Stan — me dijo —. Te amo y estaré orando por ti.

Entonces, antes que pudiera pensar en algo para contestarle, había salido y se alejaba caminando por el pasillo.

¿Amarme? No sabía que la gente normal hablara así.

Mi amigo médico me tenía en ascuas. Pasé el resto del día pensando: *¿Qué es esto del amor, y esto sobre el Mesías? ¿Y qué tiene todo eso que ver con mi enredada vida?*

Al día siguiente me dieron de alta del hospital y regresé a casa agarrando mi frasco de medicina. También hice un paquete con los folletos de *Judíos por Jesús* y los llevé conmigo por si acaso decidía leerlos otra vez.

Me había resignado a las píldoras de carbonato de litio, pero había llegado a depender del Valium más de lo que nadie se imaginaba; lo suficientemente dependiente como para meterme en líos. Tres meses más tarde el farmacéutico me confrontó respecto al excesivo uso de Valium. Cuando mentí para tapar la situación, llamó a todos los médicos para comunicarles su sospecha de que yo estaba abusando del fármaco que altera el estado de ánimo. Renunció a hacerse responsable de despachar la receta de nuevo. Así que de pronto quedé "frío": tenía que continuar sin mi muleta emocional. Pedí alguna medicina que reemplazara el Valium, pero el psiquiatra se mantuvo inconmovible.

— No se preocupe por eso; vivirá — me aseguró —. El litio es suficiente.

Y sobreviví, por fin ganando la batalla. No sé por qué Dios podría estar interesado en ayudarme, pero creo que lo hizo. Perdí treinta y cinco libras en el proceso y comencé a temer que tenía una enfermedad incurable, pero de alguna manera completé mi retiro de las drogas adictivas.

Por esa época aprendí que mi amigo médico no se había dado por vencido con el asunto del Mesías. Me invitó a un desayuno, un evento que consideraba que yo encontraría interesante.

— ¿Qué clase de desayuno? — le pregunté, percibiendo señales fuertes de que estaba a punto de recibir presión religiosa.

— Ah, pudieras decir que es religioso — respondió —. Si necesitas un nombre, llamamos al grupo el CIHNEC.

— ¿Qué quiere decir . . . ? — insistí.

— La Confraternidad Internacional de Hombres de Negocios del Evangelio Completo — contestó.

Me sonó a nefasto.

— ¿Por qué yo? — quería saber.

— Porque has comenzado algo que debe terminarse — contestó —. Una gran cantidad de asuntos eternos se concluyen en estos desayunos.

No estaba consciente de ningún asunto sin terminar, pero siempre estaba listo a aceptar un reto. También sentía curiosidad sobre esta cosa del Mesías, así que acepté la invitación a desayunar que me ofrecía mi amigo médico, resuelto a ponerme en guardia contra cualquier propaganda religiosa inoportuna. Pocos días después me encontré comiendo huevos revueltos y salchichas con el CIHNEC, un grupo entusiasta y extrovertido de tipos metidos en el tinglado de Jesús. Alabaron al Señor, leyeron versículos de la Biblia, y sacudieron mucho sus brazos. Uno de ellos oró en una lengua extraña y repetitiva que no pude identificar. Antes de la reunión de desayuno, nunca había oído hablar de la organización, pero resultó que estas personas sabían de mí. Mi amigo médico los había tenido orando por mí, un hecho que me produjo emociones encontradas.

En cierta forma me conmovió, pero por otro lado resentí el que se entremetieran en mi vida. Por alguna razón extraña me sentí atemorizado por estas personas. Tal vez fueran un poco locos, y más aún, ingenuos, pero había algo *bueno* en ellos. Hablaban de Dios como si Él fuera alguien que la gente pudiera conocer de manera personal, y yo sabía que nunca me había molestado por conocerlo.

Antes de comer, algunos de ellos se turnaron sentándose en una silla especial para recibir oración y de pronto me di cuenta de que me instaban a tomar mi turno. Como no quería ofenderlos rehusando su invitación, me encontré sentado allí haciendo una oración de arrepentimiento que uno de ellos me narraba. No lo decía en serio y tenía una sensación de que no los engañaba con mi actuación, pero repetí las palabras como un loro. Como era de esperar nada pasó, ni por fuera ni por dentro. La persona que oró conmigo — no era un hombre de negocios, resultó ser un pastor — me invitó a llevarme a casa y me dijo todas las cosas que tenía o no tenía que hacer ahora que había "aceptado al Señor". En primer lugar estaba el sexo. No más "lujuria carnal" para Stan Schmidt.

Esa invasión no muy sutil de mi intimidad confirmó mis últimas dudas; definitivamente me había mezclado con el grupo equivocado. El bien intencionado pastor me dio su número de teléfono y me regaló un libro llamado *Ven y Vive*, por Tom C. McKenney, pero no lo llamé y boté el libro debajo de mi cama.

También llamé a mi amigo médico al día siguiente y le dije que no me volviera invitar a reuniones de desayuno; no iría. Traté de ser amable, pero tenía que ser firme.

— Bueno — dijo —, te amo, Stan, y estaré orando por ti.

Otra vez lo mismo, me amaba . . . lo que fuera que eso quisiera decir. Para ser franco mi reacción inicial a eso fue un rechazo con una palabrota. La gente no va amándose los unos a los otros de esa manera, en especial los hombres. Había visto demasiado del lado oscuro de la vida para creer en ese sueño. Pensé: *¡Estos tipos de las reuniones de oración de desayuno no saben cuando terminar!*

Sin embargo, en lo más profundo de mi ser, me encontré esperando que mi amigo médico no lo hiciera.

Reclasificación de la enfermedad

El doctor Frank Bolea, quien escribió el prefacio de este libro, piensa que se debe redescubrir y reclasificar la depresión maniaca. Espera que la ciencia médica pronto reconsidere las definiciones de la enfermedad. En carta a los autores dice:

Necesitamos volver a comenzar y ver el asunto desde un ángulo nuevo y diferente. Con demasiada frecuencia, el enfoque terapéutico a los desórdenes bipolares emocionales concentra en la psicología o la psiquiatría. Ahora sabemos que estos desórdenes en particular son esencialmente físicos y no mentales, así que cuando recopilamos nuestras estadísticas sobre la depresión maniaca es probable que las tengamos que trasladar de la columna mental a la columna física.

Por cuanto el problema afecta al cerebro, con razón se emplea la psicoterapia en el tratamiento, pero en la raíz de todo el problema, por lo general, existe un desequilibrio químico. "De ahora en adelante — afirma el doctor Bolea —, espero que la investigación más productiva sobre los desórdenes emocionales será en el campo de la bioquímica y de la fisioterapia y no en el campo de la psicoterapia."

El doctor Bolea nos recuerda que, desde el punto de vista técnico, "curable" no se puede aplicar apropiadamente a la mayoría de las enfermedades. Anota que "un alto porcentaje de las intervenciones médicas están diseñadas para eliminar el dolor y la incomodidad y evitar daños adicionales". La diabetes y el uso de la insulina es un ejemplo excelente. Las excepciones obvias son las infecciones y los casos curables quirúrgicamente, pero en los primeros lugares de la lista de las prioridades médicas está el tratamiento de los síntomas y el evitar complicaciones adicionales; en realidad, todavía demorando lo inevitable. La carta del doctor Bolea continua:

> *El litio no **cura** la depresión maniaca; sólo es la manera más eficaz de **controlarla**. Aunque la causa de este desorden sigue siendo un misterio, sabemos que el litio puede sacar a una persona de un estado de manía y devolverlo a un estado normal, y puede ayudar a prevenir que recurran episodios de manía y de depresión. El hecho de que este es un proceso de **control** en vez de **curación** del desorden, significa que si los pacientes dejan de tomar su litio, es probable que la depresión maniaca o los episodios depresivos vuelvan a producirse.*

Posponiendo el fin

Los médicos aspiran principalmente a mejorar la calidad o prolongar la cantidad de vida para el paciente afligido y cuando lo logran, se considera un éxito su trabajo. Los médicos y pacientes por igual entienden que nuestro cuerpo no es una instalación permanente en la tierra. A la larga, cuando intervenimos con la medicina — con frecuencia aun con cirugía — sólo posponemos el final. El concepto de *enfermedad* en una columna del libro mayor y la *cura* en la otra, puede ser una idea exclusiva de la civilización occidental moderna. Los grandes adelantos hechos por la ciencia médica ayudan a alentar ese concepto que a veces conduce a conclusiones erróneas. Aun cuando Jesús trató milagrosamente las enfermedades, las cojeras, la ceguera y la sordera, los beneficios eran temporales. Tarde o temprano los que sanaba enfrentarían el enemigo final: la muerte. Sacó a Lázaro de la tumba después de permanecer durante cuatro días sin vida (véase Juan 11), pero el rescate milagroso no fue una cura, sino un aplazamiento. Lázaro finalmente fue a reunirse con sus antepasados en la tumba familiar.

No todas las enfermedades humanas son producto de microbios, accidentes, maltratos del cuerpo, o circunstancias del medio ambiente. Muchos de nuestros problemas físicos están arraigados en defectos del paquete genético que recibimos en la concepción. Hay fuerte evidencia clínica de estudios de gemelos, familiares y adopciones de que los factores hereditarios juegan un papel significativo en algunos casos de depresión maniaca. Los parientes cercanos de alguien con el desorden son más propensos a desarrollar los síntomas que los que no lo son. Sin embargo, esos hallazgos están todavía lejos de ser definitivos. Donde se ha diagnosticado la depresión maniaca, los factores hereditarios no siempre son aparentes. Como resultado, no es posible predecir con precisión el factor de riesgo para quienes están emparentados con alguien que sufre del desorden.

Todos somos productos imperfectos de un universo defectuoso. Aun cuando se tratan con éxito estos defectos mediante medicinas, no se los puede calificar propiamente de sanados. Es más realista pensar en ellos como controlados. Si el paciente abandona o es negligente con su medicina, es muy probable que los síntomas regresen. Por eso no importa lo sincera o intensa que sea la fe de la persona afligida, debe continuar tomando la medicina, por lo menos hasta que se confirme inequívocamente el milagro esperado.

Hay estudios que indican que un número sorprendente de pacientes psiquiátricos consideran su problema como el resultado de un ciclo de culpa y castigo, divino o de otra índole. La culpa juega una parte significativa en esa percepción, y la culpa también puede exacerbar los síntomas. Cuando los síntomas disminuyen, muchos pacientes perciben la mejoría como una liberación milagrosa, así que se sienten tentados a abandonar la medicina que fue la causa probable de la mejoría. Otros pueden verlo simplemente como suerte, la magia de las medicinas modernas, un reflejo de las excepcionales habilidades del médico o la intercesión de alguien que "de verdad sabe orar". Pocos parecen ser capaces de reconocer al supuesto problema mental como el resultado natural pero corregible de nuestra debilidad humana y paquete genético.

Cuando los síntomas ceden bajo el tratamiento, eso también es una consecuencia natural. La fe responsable con frecuencia juega una parte en el proceso de sanidad, pero eso no descarta el uso de los químicos que Dios nos ha dado para reemplazar los que por lo visto faltan en los neurotransmisores de las células cerebrales de la persona afligida.

Uso del litio

En 1970, la Administración de Drogas y Alimentos de los Estados Unidos aprobó el uso del litio como medio eficaz de controlar los desórdenes bipolares emocionales. Un químico natural y sencillo que se encuentra en ciertas formaciones de piedra, el litio tiende a estabilizar las incapacitantes oscilaciones de exaltación y desesperación de los estados de ánimo que son características de las víctimas de depresión maniaca.

Debido a que sus efectos secundarios son por lo general menores que los de otras medicinas, el litio es ahora el tratamiento preferido para los desórdenes emocionales bipolares. Unas pocas personas se sienten mejor tan pronto comienzan a tomar el litio, pero la mayoría siente la mejoría en forma más gradual. Algunos tienen que esperar varias semanas antes que comience una mejoría perceptible. Por lo tanto, es importante que el paciente que se somete a este medicamento mantenga el régimen. La mayoría de las veces "mantener" significa por el resto de la vida. La actitud del uso como "aspirina" ha sido una experiencia costosa para muchos: "Tomé la medicina y me curó, así que no tengo que tomarla más." El litio no cura; controla.

Puesto que el uso del elemento químico es complicado, no todos los médicos han sido capacitados para recetar el litio en las dosis adecuadas. Los terapeutas que no son graduados en medicina no lo recetan en absoluto.

La mayoría de los pacientes que toman litio sienten poco o ningún efecto colateral del medicamento. No es adictivo. Hay evidencia de que el litio tomado por largos períodos puede, en un reducido número de personas, causar daño permanente al tejido del riñón. Esto es raro, pero el peligro hace que las pruebas periódicas de la función renal sean parte prudente de la terapia con litio. El litio también puede ser causa de que la glándula tiroides se agrande o se vuelva subactiva. Sin embargo, esto se trata con relativa facilidad, tomando medicamento tiroideo suplementario.

Algunos pacientes pueden sentir otras molestias menores, aunque éstas por lo general reflejan la respuesta del cuerpo a la sustancia química y es probable que desaparezcan en pocas semanas. Por ejemplo, el paciente puede sentir mareos ligeros y leves dolores de estómago. A veces puede sentirse soñoliento o con vértigo. Puede haber una disminución del interés o habilidad sexual. La boca puede resecarse y el paciente puede percibir un sabor metálico. Todos estos síntomas por lo general son temporales. Se ha sabido de otros efectos secundarios que permanecen, como aumento de la sed y de la micción, aumento de peso, y temblor en las manos. La mayoría de los médicos que recetan el litio advierten a los pacientes que les informen con prontitud cualquier efecto que sea lo suficientemente severo que pueda ser amenazador.

Nuestro sistema circulatorio es el mecanismo que transporta el litio — junto con otros elementos químicos, nutrientes, oxígeno y hormonas — al cerebro y a los demás órganos y tejidos del cuerpo. A medida que la sangre circula, también recoge y lleva fuera la mayor parte de los deshechos del cuerpo, distribuyendo el oxígeno en su viaje por las arterias desde los pulmones hasta los órganos, recogiendo dióxido de carbono para su viaje de regreso por las venas. Al exponer las razones para los sacrificios de sangre en la liturgia del Antiguo Testamento, Moisés escribió: "Porque la vida de la carne en la sangre está" (Levítico 17:11). ¡La medicina moderna hizo ese descubrimiento hace menos de un siglo y medio!

El cuerpo adulto promedio contiene casi cinco litros de sangre, y cuando se encuentra en estado de reposo el volumen total circula a través del mismo cada minuto. Durante el ejercicio fuerte, se puede bombear la sangre cuatro veces más rápido. Nuestro sistema circulatorio es un mecanismo increíblemente complicado que se ajusta de manera constante a los cambios de las exigencias del cuerpo. ¡No es de sorprender que haya veces en que nuestro cerebro parezca menos ágil de lo normal!

En gran parte es mediante el control de la química del cuerpo y por reemplazar la sangre cuando la cantidad se ha agotado que la ciencia médica puede contribuir de manera significativa a nuestro bienestar. Cuando no se puede analizar la química, o no hay sangre para reponerla o se la rechaza, la ciencia médica con frecuencia se encuentra con las manos atadas.

La Sociedad de la Torre del Vigía

Winifred Melton (no es su nombre verdadero) se convirtió en otra estadística de hospital cuando rechazó una transfusión de sangre. Según los registros del hospital, ella estaba "confundida y apenas consciente" cuando el tiempo comenzó a acabarse. Mientras los asistentes la trasladaban a la unidad de cuidados coronarios, su corazón estaba muriéndose con lentitud por falta de sangre. La tragedia — el factor que frustró al personal médico del hospital hasta el punto del ultraje — fue que no tuvo que ser de esa manera. La historia de Winifred es un triste casamiento desigual entre la fe presuntuosa y la debilidad humana.

Esposa y madre de dos adolescentes, sólo contaba con cuarenta y dos años cuando por primera vez informó al médico de la familia sobre una pequeña cantidad de sangre en la orina, una queja común de las mujeres susceptibles a las infecciones de la vejiga. Los antibióticos por lo general alivian los síntomas. Sin embargo, en el caso de Winifred, las dosis sólo parecían empeorar las cosas.

Entonces el endoscopio de fibra óptica de un urólogo localizó y quitó la causa verdadera: un pequeño tumor pegado a la pared interna de la vejiga. Puesto que dichos tumores son recurrentes, se le dijo a Winifred que informara oportunamente síntomas similares. Durante varios años sufrió episodios repetidos de hemorragia, los cuales siempre atendía oportunamente su urólogo. Los suplementos de hierro reemplazaban fácilmente los glóbulos rojos que había perdido. Era un inconveniente menor, pero de ninguna manera amenazaba su vida. Luego Winifred se volvió descuidada.

Con su último tumor demoró la visita al médico hasta que estaba sangrando abundantemente y ya estaba sufriendo de una anemia severa. Antes que pudiera efectuarse la cirugía, los médicos decidieron que ella necesitaba una transfusión de sangre. Todo era rutinario hasta que la paciente la rehusó. No pudieron cambiar su manera de pensar ningún razonamiento ni explicación de la amenaza que representaba para su vida tal rechazo. Las transfusiones eran desagradables a Dios e iban en contra de su religión. Winifred era una testigo de Jehová.

A partir de ese momento las cosas para Winifred fueron tornándose de mal en peor. Nada de lo que los cirujanos ensayaban podía detener la hemorragia. Su recuento globular disminuía cada vez más hasta que por fin ya no era una candidata viable para reparaciones quirúrgicas. "Tiene que comprender nuestra incapacidad — le advirtieron sus médicos —. Sin una transfusión de sangre morirá." Era una mujer inteligente; comprendía las implicaciones. Pero Winifred se apegó a sus prioridades. Muriera o no, ella sería leal a su fe. Dios había prohibido tal uso de la sangre, el símbolo mismo de la vida.

En la edición de agosto de 1988 de la revista *Descubra*, la doctora Elisabeth Rosenthal describe los últimos momentos de Winifred:

> Al centro de la atención de todos estaba una mujer grande con una máscara de oxígeno, jadeando, respirando más rápido de lo que parecía humanamente posible. A la cabecera estaban tres amigas, compañeras de la iglesia, ayudándola a través de su momento de gloria infeliz.
>
> — Su amiga va a morir — les dije —. La voy a subir a la unidad de cuidados coronarios porque legalmente lo tengo que hacer, pero no habrá nada eficaz que pueda hacerse. Le daremos oxígeno, pero su sangre ya lleva todo el oxígeno que puede.
>
> Escucharon con paciencia, estremeciéndose a medida que describía algunos de los aspectos más horribles de la noche que se avecinaba.
>
> Entendieron la explicación con claridad, pero para ellas esto no era una cuestión racional.
>
> — Siento mucho que esto va a ser un gran problema para ustedes — dijo una de ellas —. Tal vez no tenga ningún sentido para ustedes, pero ella entiende muy bien que puede morir.
>
> Y eso fue lo que sucedió. Murió un poco más tarde, pero sólo después de un desfile de epinefrina, atropina, electroshock, resucitación cardiopulmonar, un equipo médico agotado y una cama llena de electrocardiogramas, jeringas y sangre. Si se le hubiera hecho la transfusión para reemplazar la sangre perdida, esta madre y esposa habría vivido. Sin ella, no tenía la menor posibilidad.
>
> — Esto no tiene sentido para usted, lo sabemos — se excusó una de las amigas de Winifred —. Verá lo que creemos . . . — y extrajo una copia de *Atalaya* de su cartera.

Nadie nunca sabrá cuántos testigos de Jehová han muerto sin necesidad durante o después de una cirugía porque rehusaron de manera inexorable la transfusión de sangre que hubiera salvado su vida. La Sociedad de la Torre del Vigía no recopila tales estadísticas ni las divulgaría su Junta Directiva si las tuviera. Tampoco existe ningún registro del número de niños de los testigos de Jehová que han muerto de leucemia o de complicaciones diabéticas o del trauma después de un accidente, confiando incapaces en el juicio de sus padres que no permitieron el tratamiento médico que los hubiera podido salvar.

Fieles hasta la muerte

Tal tipo de fe viene en muchas formas. Cada año, cerca de un cuarto de millón de nuevos reclutas de la Sociedad de la Torre del Vigía se unen a los otros nueve millones alrededor del mundo que ya se han sometido a las rígidas leyes y el puño de hierro de la Junta Directiva. Apartados de la sociedad por temor al juicio de Jehová Dios y a sus doctrinas separatistas radicales, los testigos de Jehová con estoicismo abrazan la misma muerte en vez de permitir las transfusiones de sangre para sí mismos o para sus seres queridos. Tampoco saludan la bandera, sirven en las fuerzas armadas, votan en las elecciones, celebran los cumpleaños, observan la Navidad o la Pascua de la Resurrección o asisten a una iglesia de otra denominación. La explicación de tan larga lista de "noes" sigue dos líneas de pensamiento:

1. Todos los gobiernos y todas las "religiones" (fuera de la de los Testigos de Jehová) están bajo el poder de Satanás. El pueblo verdadero de Dios, entonces, no puede involucrarse con sus enemigos, a ningún nivel de gobierno o tratando con cualquier aspecto de religiones falsas.

2. La sangre es sagrada para el hombre y para Dios. La Biblia ordena a los creyentes "abstenerse" de la sangre (no comer animales inadecuadamente desangrados). Una transfusión es una violación tan grave de esa ley obligatoria como el beber sangre.

La verdad que lleva a vida eterna, una publicación de la Sociedad de la Torre del Vigía de la cual se han impreso más de cien millones de ejemplares en ciento quince idiomas, cita al teólogo del siglo tercero Quintus Tertuliano para establecer su posición en contra de las transfusiones:

> También aquellos que en los espectáculos de los gladiadores, para
> la cura de la epilepsia beben con sed ambiciosa la sangre de los
> criminales muertos en la arena cuando fluye fresca de la herida, y
> luego salen corriendo: ¿a quién pertenecen? Ruborícense de sus
> viles caminos ante los cristianos, quienes no tienen siquiera la
> sangre de animales en sus comidas de alimentos sencillos y natura-
> les; quienes se abstienen de las cosas estranguladas y que mueren
> de muerte natural.*

Nos identificamos del todo con el asco de Tertuliano al pensar en
los romanos epilépticos corriendo a la arena para beber la sangre
todavía caliente de los criminales ejecutados. Sin embargo, eso cons-
tituye un argumento menos que convincente contra las transfusiones
de sangre como procedimiento médico legítimo para salvar una vida.
Además, como los edictos de la Junta Directiva de la Sociedad de la
Torre del Vigía, a los escritos de Tertuliano les falta la autoridad de
la Palabra de Dios.

La vida en la sangre

El hecho médico de que la vida del cuerpo depende de su sumi-
nistro de sangre, que por fin hemos comprendido, sin duda ofrece la
base para la advertencia de Dios. Es probable que otros factores en el
razonamiento de Dios se relacionen con la salud de quien come
productos de sangre. Sean cuáles sean las razones, Él advierte: "Si
cualquier varón de la casa de Israel, o de los extranjeros que moran
entre ellos, comiere alguna sangre, yo pondré mi rostro contra la
persona que comiere sangre, y la cortaré de entre su pueblo" (Levítico
17:10).

¿Cómo funcionaba eso? El antiguo cazador judío que iba al bosque
con arco y flecha y mataba, por ejemplo, un antílope, tenía que tener
cuidado de desangrarlo y cubrir la sangre con tierra. De otra manera
se consideraba inmunda la carne y no se la podía comer. Sin duda
alguna se pueden encontrar razones médicas y dietéticas para esa
regla, pero también había razones ceremoniales. Los sacrificios de
sangre eran prototipos que anunciaban la muerte expiatoria de Jesu-

---

* P. 167.

cristo por nuestros pecados. Sin embargo, Tertuliano y tal vez los
testigos de Jehová también parecen haber pasado por alto la advertencia explícita a la joven y descarriada iglesia de Colosas:

> *Por tanto, nadie os juzgue en comida o en bebida, o en cuanto a*
> *días de fiesta, luna nueva o días de reposo, todo lo cual es sombra*
> *de lo que ha de venir; pero el cuerpo es de Cristo . . .*
> *Pues si habéis muerto con Cristo en cuanto a los rudimentos del*
> *mundo, ¿por qué, como si vivieseis en el mundo, os sometéis a*
> *preceptos tales como: No manejes, ni gustes, ni aun toques (en*
> *conformidad a mandamientos y doctrinas de hombres), cosas que*
> *todas se destruyen con el uso? Tales cosas tienen a la verdad cierta*
> *reputación de sabiduría en culto voluntario, en humildad y en duro*
> *trato del cuerpo; pero no tienen valor alguno contra los apetitos de*
> *la carne.*

Colosenses 2:16-17,20-23

Abstención de la sangre

Los escritos de Tertuliano influyeron profundamente el cristianismo en su día, pero su riguroso programa ascético y su crítica con
frecuencia dura y sarcástica de quienes no aceptaban sus puntos de
vista dieron lugar a serias dudas con respecto a la autoridad de sus
opiniones. Sostenía que los cristianos debían acoger la persecución
y no alejarse de ella. Los testigos de Jehová están por completo de
acuerdo en ese punto. Tertuliano decía que sólo la iglesia tiene la
autoridad para declarar cuáles creencias son ortodoxas y cuáles no,
dejando un campo amplio para exigencias presuntuosas a los seguidores leales. Igual dice la Junta Directiva de la Sociedad de la Torre
del Vigía. Tertuliano defendía con ardor el derecho eclesiástico para
dictar el comportamiento y controlar la vida de los creyentes. Los
testigos de Jehová se someten con gusto — por lo menos lo aparentan
— al control absoluto. No es de sorprender que el liderazgo de la
monolítica Sociedad de la Torre del Vigía tome citas de los escritos
de Tertuliano para apoyar las creencias presuntuosas que exige de
sus miembros. A quienes se resisten se les somete a un proceso de
excomunión que los deja apartados y rechazados aun por los miembros de su familia.

Los testigos de Jehová insisten en que la prohibición del Antiguo
Testamento respecto a la sangre está impuesta a los cristianos del

Nuevo Testamento mediante una carta de la asamblea de Jerusalén que establecía pautas para los creyentes gentiles en Antioquía, Siria y Cilicia: "Que os abstengáis de lo sacrificado a ídolos, de sangre, de ahogado y de fornicación; de las cuales cosas si os guardareis bien haréis. Pasadlo bien" (Hechos 15:29).

Sin embargo, inexplicablemente, la *Traducción del Nuevo Mundo de las Santas Escrituras* le da a ese versículo un significado totalmente diferente. "Que sigan absteniéndose de cosas sacrificadas a ídolos, y de sangre, y de cosas estranguladas, y de fornicación. Si se guardan cuidadosamente de estas cosas, prosperarán. ¡Buena salud a ustedes!"

Observe lo que agregaron los traductores de la Torre del Vigía: una promesa de prosperidad y una promesa de buena salud a quienes sigan las leyes dietéticas del Antiguo Testamento. Ninguna otra traducción contemporánea se toma tal libertad con el texto. Las promesas de prosperidad y salud sencillamente no aparecen en el griego de Lucas. *La verdad que lleva a vida eterna* insiste en que "absteneos de sangre" significa no introducirla en nuestro cuerpo en absoluto, ni siquiera mediante una transfusión para salvar una vida.

Aceptación del riesgo

La mayoría de los testigos de Jehová llevan consigo tarjetas que dicen: "Ordeno que no se me hagan transfusiones de sangre, aunque los médicos las consideren vitales para mi salud o mi vida... Acepto el riesgo adicional que eso conlleva. Libero a los médicos, a los anestesiólogos, a los hospitales y a su personal de toda responsabilidad por cualquier resultado adverso causado por mi rechazo, a pesar de su cuidado competente." No es de sorprender que los equipos de las salas de emergencia se quejen cuando encuentran dichas tarjetas en una víctima de un accidente que está sangrando.

Muchos médicos de las salas de emergencia, sin embargo, dicen que su juramento hipocrático los obliga a administrar sangre de todas maneras, puesto que no tienen ninguna manera de saber si la tarjeta refleja de manera exacta las creencias del paciente bajo las circunstancias terribles en las cuales pueden estar tratándolo. "Por lo general, si el paciente evidentemente necesita sangre o va a morir, la mayoría de los médicos harán la transfusión", dijo un médico de sala de emergencia quien habló bajo la condición de no ser identificado. Explicó su deseo de permanecer anónimo diciendo: "Es una situación en la que siempre salimos perdiendo. Si digo que de todas maneras hacemos la transfusión, entonces nos atacan los testigos de Jehová. Si digo que no hacemos la transfusión, entonces protesta el movimiento de derecho a la vida. He escuchado casos en los que el paciente y la familia dijeron 'no' a la transfusión de sangre, el paciente murió y la familia puso una demanda diciendo que si hubieran sabido que la situación era así de mala, habrían autorizado la transfusión."

En el Memorial Hospital de Brookhaven en East Patchogue, Nueva York, arrestaron a tres testigos de Jehová en enero de 1989 cuando trataron de evitar que un miembro de la iglesia críticamente enfermo recibiera una transfusión de sangre ordenada por las autoridades del hospital. La paciente tenía una hemorragia después de una cesárea y quienes la atendían consideraban que su vida estaba en grave peligro.

Llamaron a la policía al hospital cuando quince personas, incluso el esposo de la mujer, rodearon la cama y se negaron a permitir la transfusión para la cual el hospital había obtenido una orden del tribunal. Arrestaron al esposo de la mujer y a otros dos testigos de Jehová acusados de intrusión criminal.

Puede estar pendiente una demanda. Los testigos de Jehová de manera inconmovible dicen que entablarán demanda contra cualquiera que le haga transfusiones a los miembros de la Sociedad de la Torre del Vigía, acusando al equipo médico de cometer asalto y agresión al violar sus deseos. Sin embargo, si se realiza una transfusión por la fuerza en un testigo de Jehová que no la quiera mientras está inconsciente o debido a una orden del tribunal, las autoridades de la organización aceptan que no hay consecuencias teológicas punitivas para el miembro a quien se le violaron sus deseos. Dios entiende las circunstancias, las acepta, y no hace responsable a la víctima.

¿La prohibición contra las transfusiones que reviven coloca a los miembros de la Sociedad de la Torre del Vigía en desventaja en términos de su salud? Ellos no lo creen. Dicen que al prohibir la ingestión de sangre, Dios incluye la promesa de prosperidad y buena salud para un propósito específico. *La verdad que lleva a vida eterna* comenta: "¡Él sabe de lo que está hablando!" Para ellos, la promesa lleva el caso de los testigos de Jehová de lo negativo a lo positivo. Para estas personas, gracias a esa promesa de prosperidad y buena salud, la ventaja es para quienes rehúsan la transfusión de sangre. Tienen a Dios del lado de su bienestar físico. "El hecho es — dice su pequeño libro azul —, que aunque la mayoría de los pacientes sobreviven a las transfusiones de sangre, muchos se enferman como resultado de ellas y miles mueren cada año como resultado directo de las mismas." Las estadísticas médicas no demuestran esa observación, a pesar del comienzo de la epidemia del SIDA.

La pregunta crítica, sin embargo, es si Hechos 15:29 de verdad ofrece esa promesa de prosperidad y salud. La Nueva Versión Internacional traduce las frases finales del versículo así: "Ustedes harán bien en evitar estas cosas. Que les vaya bien." Tampoco se hace ninguna mención de salud o prosperidad. Aun la Biblia al Día, que a veces está redactada de manera libre, sólo dice: "Bastará que se abstengan de estas cosas. Adiós." En el idioma original no hay ninguna referencia a ventajas físicas para quienes no han sido contaminados por la sangre. Sólo los traductores de los testigos de Jehová se atreven a añadirlo; sin embargo, para estos hombres y mujeres solícitos y obedientes se ha vuelto la inflexible ley de Dios.

Curiosamente, el capítulo en *La verdad que lleva a vida eterna* titulado "El respeto piadoso por la vida y la sangre" termina con: "Él envió a su hijo Jesucristo a derramar su sangre por quienes ejerzan la fe. . . sólo mediante la fe en la sangre de Jesús derramada se puede obtener la salvación." Los creyentes en la Biblia están del todo de acuerdo con esto. La afirmación es un resumen preciso del plan de redención de Dios, pero esa doctrina no parece ser lo que los testigos de Jehová creen verdaderamente. Como los fariseos de antaño, su fe presuntuosa los coloca bajo la servidumbre de obedecer los edictos de su Junta Directiva. El dejar de cumplir con cada detalle significa ser excomulgado, esquivado, incomunicado de la familia y de los amigos y — probablemente teniéndolos en servidumbre aun más firmemente que las otras amenazas — desterrado de la presencia de Jehová por toda la eternidad.

"Es mejor someterse, aun morir, que violar la ley de Dios y perder la vida eterna", dicen los testigos de Jehová al terminar la presentación de sus razones para la fe presuntuosa.

5

MEJORAS

El renacimiento no tiene que ser una experiencia religiosa — pensaba —. *Lograré la misma cosa cambiando mi estilo de vida: menos fiestas y más fortalecimiento del cerebro.*

En mi primera visita a la biblioteca pública el silencio misterioso me permitió entrar en materias más profundas. Allí entre otras figuras silenciosas agachadas sobre los libros, periódicos y revistas, comencé a pensar en serio sobre Dios. Reflexioné sobre la diferencia entre lo que es y lo que debe ser en mi vida. Algo me decía que no estaba haciendo las cosas muy bien. Así que decidí comenzar a desenredar esos hilos confundidos.

No había leído un libro desde hacía años, así que el acto de tan sólo ir a la biblioteca fue un paso radical. Parecía un buen lugar para iniciar un estilo de vida diferente. Con ese primer paso en una nueva dirección había emprendido un programa resuelto para enderezar mi vida.

Una alta prioridad fue el decir adiós a las drogas, los endrogados y los narcotraficantes. Ese tipo de recreación sin sentido y costosa no me estaba llevando a ninguna parte. Por la gracia de Dios pude quitarme ese condenado problema.

Ya sin esos problemas agobiantes, comencé a disfrutar de la vida por primera vez. ¡Aquí estaba el antiguo rey de la fiesta y orgulloso estrella del campo de atletismo metamorfoseado en un fanático de biblioteca cuya gratificación más extravagante era una larga caminata por el bosque, una buena película, o veinte vueltas en una piscina pública! Me encontré preguntándome a mí mismo quién era este nuevo Stan Schmidt y qué fuerza mística había traído ese cambio.

¿Fuerza mística? ¿Podría tener algo que ver con las oraciones de mi amigo médico? O tal vez sus extraños asociados de la CIHNEC estaban tras esto, esos tipos que tomaban la religión tan en serio. No podría haber sido esa silla de oración, ¿o sí? Me senté en esa cosa por las razones equivocadas, pero era verdad que enuncié esas palabras de su oración del penitente. Con poca sinceridad, le pedí a Jesús, repitiendo la fórmula dictada, que se encargara de mi vida.

Si Jesús no era la fuerza detrás de todo esto, ¿quién lo era?

En la biblioteca el 6 de junio de 1986, decidí obtener algunas respuestas. Aproveché el silencio y oré profundamente. Siempre dudoso de las fórmulas religiosas de los demás, redacté mi propia oración en esta ocasión. Le pedí a Dios que por favor llegara hasta mí e hiciera por mí lo que fuera más necesario. No era necesario que fuera dinero o salud o cualquier otra cosa tangible. Tal vez era sólo la tranquilidad. Por encima de todo necesitaba saber la verdad. ¿Quién es este Jesús? Necesitaba resolver esas dudas molestas sobre Dios. Tal vez aun pudiera resolver la cuestión de quién era yo. Necesitaba saber lo que Dios exigía de mí y qué podía hacer yo al respecto. Pensé que tal vez me ayudaría una Biblia. Al encontrar una Biblia en los estantes de la biblioteca, comencé a hojear y de manera inmediata pensé: *¿Dónde comienzo?*

El Evangelio según San Juan me resultaba familiar, así que lo busqué en el índice y comencé a leer sobre la Palabra hecha carne, sobre Jesús cuando vino a su pueblo judío quienes no lo recibieron. Sin embargo, a cualquiera que lo recibiera — y algunos de los que lo recibieron eran judíos como yo — les dio la autoridad de ser hijos de Dios. ¿Quiere eso decir que los que no lo reciben no son hijos de Dios? Yo por cierto no lo había recibido todavía.

Aprendí del Evangelio según San Juan sobre una autoridad judía que quería hablar con Jesús sobre Dios. Jesús lo sorprendió con la afirmación de que sin un renacimiento espiritual las personas no pueden entrar al reino de los cielos, implicando, supongo, que sólo hablar de Dios es un ejercicio vano. ¡Luego hizo la afirmación alarmante de que el renacimiento espiritual sólo viene por conocerlo a Él! ¿Pero cómo hace alguien para conocer a Jesús cuando Él caminó en la tierra hace dos mil años? Sin embargo, ¿no era esa cuestión sobre el renacimiento espiritual lo que decían mi amigo judío médico y sus compañeros de la CIHNEC?

Entonces pensé en el libro que me dio el decidido pastor. El libro invitaba a los lectores a "venir y vivir". Si recordaba correctamente, se vio ese pequeño volumen por última vez cuando desaparecía debajo de mi cama. ¿*Ven y Vive* me ayudaría a entender esta cosa? Me apresuré a llegar a casa para averiguarlo.

Cuando lo recuperé de debajo de mi cama, allí estaba la cosa del renacimiento. El capítulo seis se titulaba: "Os es necesario nacer de nuevo." ¡Lo mismo que Jesús le dijo al líder judío llamado Nicodemo!

Tal vez esto suene demasiado dramático para ser real y aun un poco sensiblero, pero decidí que era tiempo de dejar de esquivar la realidad. El final de ese capítulo me encontró de rodillas al lado de mi cama. De pronto supe que sólo ser religioso era pasado de moda y creer realmente la verdad sobre Dios era la moda. Alguien tenía que sufrir las consecuencias de mi pecado y al parecer tenía que ser o bien Jesús o bien yo. No hay prueba divina del carácter. No tengo que dominar fórmulas místicas o realizar actos de sacrificio heroico. Dios sólo quiere que confíe en Él y el sitio adecuado para comenzar era de rodillas. La promesa es a "todo aquel que en Él cree", y creer es algo que aun yo puedo hacer. Así que dije esa oración del penitente de nuevo, de la mejor manera que podía recordarla y en mis propias palabras, sólo para estar seguro. Celebré una ceremonia privada de coronación y por fe coroné a Jesús como mi *mashíaj* y mi Señor. Sentí admiración y agradecimiento al considerar mi larga y dura lucha. Era como llegar a casa de nuevo después de una larga y temible jornada. En ese momento sé que nací de nuevo al reino de Dios.

Lo siguiente que hice fue lo que usted probablemente haría en las mismas circunstancias: llamé a mi amigo médico judío y le di las gracias por amarme y orar por mí. Le dije que pensaba que por fin había entendido lo que él quería expresar cuando decía que me amaba. Le pedí que le diera las gracias de mi parte a sus amigos y al pastor que me había regalado el libro.

— Dales las gracias tú mismo — dijo —. Nuestro próximo desayuno es mañana. Te recojo a las seis y quince.

No estaba del todo despierto, pero los tipos parecían de verdad alegres al verme. Después que les informé lo que por fin había descubierto sobre Jesús, se pusieron jubilosos del todo. La mayoría prometió seguir orando por mí.

Uno de los tipos, sin embargo, parecía un poco ceñudo; me llamó aparte y me preguntó:

— ¿Stan, ha considerado la posibilidad de que demonios puedan estar causando su enfermedad bipolar?

— ¿Demonios?

— Demonios — repitió —. Las enfermedades, en particular las enfermedades de la mente, están relacionadas en forma directa con el mundo de los espíritus. Los demonios sólo ceden a nuestras peticiones de fe cuando usamos el poder espiritual que nos da Jesús.

— ¿Quiere decir que algún tipo de . . . eh, espíritu invisible pueda estar causando mis oscilaciones de estado de ánimo? — pregunté sorprendido.

— Eso es lo que quiero decir — contestó —. Creo que debe reclamar su liberación y permitirle a Dios que le dé la victoria. Me parece que tomar medicinas es la negación del poder de Dios para sanarnos.

— Lo pensaré — contesté.

Sospecho que él sabía que yo estaba esquivándolo. No estaba listo todavía para los demonios. Además, mis píldoras de carbonato de litio estaban funcionando bien.

No le investigué más la cuestión de los demonios, pero no pasó mucho tiempo antes que comenzara a escuchar con interés creciente lo que se decía sobre la sanidad por fe. Encontré una iglesia carismática y pasé por varias experiencias sobrenaturales.

Luego llegó la pregunta destinada a desbaratarme.

— Stan — me dijo mi pastor un día, llevándome a un lado donde pudiéramos hablar en privado —, ¿tienes suficiente fe para botar esas píldoras de litio?

— ¿Quiere decir abandonar mi medicina? — le pregunté.

— Eso es lo que quiero decir — respondió, y parecía mirar a través de las dudas y temores que su pregunta generaba —. Si tienes fe suficiente, Jesús te sanará. Está en la expiación.

Luego citó el versículo del Antiguo Testamento que escucharía una y otra vez en los círculos carismáticos: "Mas él herido fue por nuestras rebeliones, molido por nuestros pecados; el castigo de nuestra paz fue sobre él, y *por su llaga fuimos nosotros curados*" (Isaías 53:5, cursivas añadidas).

— Por su llaga fuimos *curados* — dijo, haciendo énfasis en la palabra —. Dios no quiere que estemos perdidos ni que estemos enfermos, tampoco. Nos atendió por dentro y por fuera cuando Jesús colgaba en esa cruz. Cuando los cristianos llenos del Espíritu Santo están enfermos, es una mentira del demonio. ¿Por qué no simplemente reclamas tu liberación y botas esas píldoras de una vez por todas?

¡Así que eso fue lo que Isaías quiso decir cuando escribió: "Y por su llaga fuimos nosotros curados"!

¿Cómo iba yo a saber que han debatido ese pasaje por siglos bien intencionados voceros de las diferentes tendencias teológicas? ¡Curado! Me parecía lo suficientemente increíble que ocurrió mi sanidad espiritual cuando Jesús murió en mi lugar. Pensé que eso era lo que se suponía que el Mesías hiciera por nosotros, pero para un maniacodepresivo, la sanidad física y mental parecían aun mejores. Puesto que estaba en la fe, nunca se me ocurrió buscar una segunda opinión.

Mi pastor consideraba mi enfermedad bipolar un ataque clarísimo por parte del mismo demonio y me sentía honrado de que Satanás me considerara lo suficientemente importante para dirigir sus armas hacia mí. Concluí que si la sanidad de verdad está en la expiación, entonces la medicina perpetúa tanto la mentira como la incredulidad. Otros creyentes maduros me aseguraron que si yo lograba encontrar el ánimo y la fe para arrojar las píldoras por el inodoro, podía hacer que Jesús cumpliera su promesa de sanarme.

— Reduce la dosis poco a poco si quieres — me aconsejó el pastor —, pero demuestra tu fe renunciando a la mentira del demonio y afirmando tu confianza en que Jesús te está sanando.

Pensé que si un poco de fe era bueno, mucha fe era mejor. La "fe" era la cuestión y yo tenía la suficiente y de sobra. Es increíble qué tan rápido se introduce el ego, aun pronto después de una transacción espiritual genuina. Mentalmente me vi echando los hombros hacia atrás y gritándole al mundo: *¡Tengo fe! Miren no más.* Ninguna reducción gradual para mí. Boté todas las píldoras de carbonato de litio al inodoro y alabé a Dios por mi sanidad. Le conté a quienquiera que me pusiera atención sobre mi liberación y mí fe de marca mayor. Era Stan el fiel testigo y el ungido ganador de almas. Escribí a la revista carismática *Voz* para decirles a los directores lo bueno que sería si publicaran un artículo que describiera mi liberación por fe después de ocho años como maniacodepresivo. Claro, la publicidad llenaría un ego gigantesco que palpitaba dentro de mí.

Por eso el director hizo la llamada que mi madre me pasó en esa triste mañana de invierno en la sala psiquiátrica de "La ciudad de la fe".

Liberación de los demonios: continúa el debate

Dos aspectos que han provocado una prolongada controversia alimentan el continuo debate entre los creyentes carismáticos y los que se encuentran establecidos en las creencias teológicas más convencionales. ¿Qué hay de los demonios y qué hay de la sanidad por fe? ¿Es apropiado colocar el rótulo de "fe presuntuosa" a cualquiera de estos aspectos?

El conflicto de la liberación ha existido por siglos, y es poco probable que algo aquí lo resuelva. Sin embargo, un repaso objetivo de las verdades bíblicas fundamentales y la confirmación por observación pueden servir de ayuda a ambos lados.

Los creyentes en la Biblia no tienen bases para negar la actividad de las fuerzas demoniacas. De hecho, cuando dependemos de las Escrituras para la verdad sobre Dios y su reino, la consecuencia y la integridad nos impulsan a afirmar la existencia de un mundo de espíritus bien poblado. Sus habitantes son activos, inteligentes y con fines determinados, pero rara vez los percibimos mediante nuestros cinco sentidos. Lo que los seres humanos no ven, oyen, sienten, gustan o huelen tienden a no hacerle caso o aun a negarlo. Sin embargo, demasiadas referencias en el Nuevo Testamento dan testimonio en términos específicos de la actividad demoniaca o angélica para que dudemos de la existencia de "principados y potestades". Gran parte del ministerio de Jesús tuvo que ver con la represión y con el echar fuera los espíritus demoniacos. Afirmó tener la autoridad para llamar diez legiones de ángeles para que lo defendieran. No hay razón para creer que estos habitantes del mundo espiritual hayan cesado su actividad a través de los milenios.

La totalidad del consejo divino

Quienes consideran la Biblia sólo como un intento falible de registrar el camino del hombre hacia la madurez, pueden estar contentos de no hacer caso de la noción de un mundo espiritual. Claro, los espíritus no son parte de la experiencia humana convencional. Sin embargo, quienes creemos en la Biblia sabemos que cuando aceptamos ese documento como la inspirada e inequívoca Palabra de Dios, tenemos que aceptar todas sus proposiciones. La Biblia registra dramática actividad angélica y demoniaca; seres tanto malos como justos en invisible conflicto. Confirma la realidad de los demonios con tanta fidelidad como registra la historia de la redención y el sacrificio de expiación de Jesucristo.

Considere esto por un momento: si no hay un mundo espiritual, no puede haber un Espíritu Santo. Sin embargo, no podemos negar su existencia. Eso mutilaría nuestras doctrinas respecto a la manera como el Padre nos proporciona el renacimiento, nos cuida, nos enseña, nos da los dones espirituales y nos emplea como miembros del cuerpo de Cristo en la tierra.

Sin duda, hay demonios y para algunas personas desventuradas están *dentro* de ellas. Si no lo están, el mensaje de la Biblia deja de ser creíble. Su cualidad etérea obra a su favor. Rara vez podemos detectar los demonios o los ángeles con nuestros cinco sentidos, pero ambos lados se encuentran trabajando activamente. Cada lado hace lo que le ordene su señor. Prueba tangible sólo llega cuando nos confronta un fenómeno resultante o nos encontramos con las consecuencias visibles de su trabajo.

El endemoniado gadareno

En Lucas 8:26-39 se dramatizan algunas de esas consecuencias en el relato del hombre poseído por los demonios, que tenía aterrorizado a su pueblo. Vivía como un animal entre las tumbas en la región de los gadarenos.

Cuando Jesús aparece en la escena, el endemoniado se arrastra a sus pies reconociéndolo como el "Hijo del Dios Altísimo". Sólo Jesús puede reclamar dicho título. El endemoniado le ruega que se vaya.

El lector pronto se da cuenta, sin embargo, de que esta es la voz de los demonios, no del hombre perturbado. Cuando Jesús le pregunta cómo se llama, él, o ellos, contestan: "Legión". ¿La razón? "Porque muchos demonios habían entrado en él." Los demonios asustados le ruegan a Jesús que no los ordene ir al abismo. En Apocalipsis 9:1-2, se le llama "el pozo del abismo". Dondequiera que quede el abismo, no queremos ir allí como tampoco querían ir los demonios. Sin embargo, el relato de Lucas sugiere que ellos sabían dónde debían estar.

En vez del abismo, los demonios piden y reciben el permiso de Jesús de ir a una piara de cerdos que comía en la ladera de la colina. Esto muestra que el diablo no es omnisciente, porque se les tendió un lazo. Los cerdos corren por la ladera empinada al lago y se ahogan. ¿Qué les pasa a los demonios? No tenemos el privilegio de saberlo, pero de "Legión" no se vuelve a escuchar. Lo que sí sabemos es que los gadarenos de la localidad pronto salen mal en la prueba de sus valores y prioridades, una falla del razonamiento humano que probablemente todavía permanece con nosotros. Al hacer caso omiso del ex loco, ahora sanado, vestido, y en su cabal juicio, la gente sólo ve a los cerdos ahogados y su pérdida económica. Con brusquedad, le ordenan a Jesús salir de su territorio.

Aquí tenemos lo que el relato de Lucas nos dice sobre los espíritus "malignos":

- Son verdaderos.
- Pueden dominar y vivir dentro de los seres humanos.
- Reconocen la autoridad de Jesús.
- Engañan y manipulan.
- Son destructivos.
- Saben que pertenecen al abismo.
- Temen al demonio a quien sirven.
- No son omniscientes.

La fe como un grano de mostaza

Mateo (17:14-20) escribe sobre un hombre que viene a Jesús en nombre de su hijo quien sufre de ataques espantosos. Lo había traído a los discípulos de Jesús, pero no pudieron sanarlo. Jesús reprende a un demonio, que sale del niño, y éste queda sanado en el instante.

— ¿Por qué no lo pudimos sacar? — querían saber los discípulos.

— Porque tienen tan poca fe — les contestó Jesús.

Luego sigue su famosa referencia a la capacidad de la fe de mover montañas. Recuerde, sin embargo, que la fe no es un poder físico o mental generado dentro de nosotros. Nuestro cuerpo no posee una glándula ni nuestra mente una neurona que arranque nuestra fe. La fe salvadora es el don espiritual de Dios que viene con su Espíritu y se desarrolla mediante el proceso de aprendizaje. El don y el proceso de aprendizaje vienen mediante el escuchar y el creer, y el escuchar y el creer están en armonía con la Palabra de Dios (véase Romanos

10:17). Creer, en el sentido bíblico, se entiende mejor como un verbo transitivo; requiere de un objeto: Dios y sus promesas específicas.

Guerra espiritual

"La civilización es una carrera entre la educación y la catástrofe", dice este aforismo atribuido a H. G. Wells. En cierto sentido la vida cristiana es un reto similar. La sumisión a la voluntad de Dios parece ser una lucha constante entre la creencia y la presunción. Tenemos tanto que aprender que nos inclinamos a preguntarnos si la tarea puede terminarse a tiempo. Con más frecuencia de lo que nos gustaría admitir, la carrera se pierde porque nos falta el tiempo, la energía o el interés para continuar el aprendizaje.

La mayoría de nosotros aceptamos que los demonios tienen que ser verdaderos sólo porque el Nuevo Testamento registra claramente sus actividades. Algunos pocos saben de ellos porque personalmente han estado involucrados en la guerra espiritual descrita en la Biblia. Estos pocos han sentido la actividad demoniaca mediante uno de sus cinco sentidos. Aprenden a combatir esas fuerzas hostiles mediante el uso adecuado de las armas suministradas por Dios para nuestro arsenal espiritual. Saben que no pueden depender de la osadía, de la fuerza, de la inteligencia ni de la presunción; tampoco de decisiones impulsivas ni adivinanzas. Ninguna de estas armas carnales es adecuada en esta guerra sobrenatural.

Llegada de la fe presuntuosa

Sin embargo, algunos que profesan conocer a Cristo insisten en combinar la verdad bíblica con la respuesta humana presuntuosa. La intrepidez, el heroísmo, la temeridad y el entusiasmo dominan su concepto de fe. Siempre están probando algo, como si Dios no lo supiera ya. Pero la fe en Cristo no se debe confundir con simple optimismo, valor, o aun piedad; no es un ejercicio del ego o del valor temerario. Las transacciones de fe no son actos de sacrificio sin sentido e inútiles; Dios prefiere la obediencia (véase 1 Samuel 15:22). La fe bíblica es creer en las promesas específicas y auténticas con un propósito claro. Esa clase de fe afirma los propósitos de Dios en armonía con su carácter revelado.

La fe bíblica es creer lo que está revelado en la Palabra de Dios y actuar basándose en esa convicción, porque lo que está revelado en las Escrituras es verdad de la misma manera que Dios mismo es verdad. Su integridad está expresada mediante su Palabra. Él no nos manipula. No tiene que probarnos, pues ya sabe que somos polvo (véase Salmos 103:14). La fe bíblica es abrazar todo el consejo de Dios tal como se revela en las Escrituras. La fe que nos salva, nos alimenta y nos hace útiles en el reino de Dios no está contenida en una simple formula o dirigida hacia una única verdad. Es un modelo complejo de un diseño increíblemente bello; una fe que actúa basada en la premisa de que en nada ni en nadie más se puede confiar nuestro destino eterno.

Quienes actúan con presunción en vez de actuar según la fe bíblica pueden caer en manos de los mismos demonios contra los cuales nos previene la Biblia. La tarea asignada a esos espíritus es la creación de desinformación, duda, confusión, desengaño y celo pervertido. Sus habilidades están bien desarrolladas, pero pueden usar y reciben con agrado nuestra cooperación. Ayudados por el hombre natural dentro de cada uno de nosotros, realizan su tarea con celo y eficiencia. Negar la existencia o subestimar la misión de los demonios es convertirnos en un blanco estacionario para sus dardos encendidos.

Por eso se nos dice que probemos los espíritus. No podemos dar por sentado nada. Aunque Dios no necesita probarnos, nos manda probar a los espíritus, pues son maestros en el arte del engaño. Juan nos dio pautas que nos ayudan en el proceso de la prueba cuando escribió:

> *Amados, no creáis a todo espíritu, sino probad los espíritus si son de Dios; porque muchos falsos profetas han salido por el mundo. En esto conoced el Espíritu de Dios: Todo espíritu que confiesa que Jesucristo ha venido en carne, es de Dios; y todo espíritu que no confiesa que Jesucristo ha venido en carne, no es de Dios; y este es el espíritu del anticristo, el cual vosotros habéis oído que viene, y que ahora ya está en el mundo.*
>
> *Hijitos, vosotros sois de Dios, y los habéis vencido; porque mayor es el que está en vosotros, que el que está en el mundo. Ellos son del mundo; por eso hablan del mundo, y el mundo los oye. Nosotros somos de Dios; el que conoce a Dios, nos oye; el que no es de Dios, no nos oye. En esto conocemos el Espíritu de verdad y el espíritu de error.*

1 Juan 4:1-6

¿La formula de Juan elimina el sentido común? ¡Sin duda que no! Aun cuando probamos los espíritus usando las pautas de Juan, el sentido común y los motivos adecuados son necesarios para reconocer la evidencia y compararla con la totalidad del consejo divino.

Prueba de los espíritus

¿Es nuestro fin principal en realidad el de glorificar a Dios y disfrutarlo por la eternidad? Entonces, no es probable que cualquier alternativa que nos tiente con beneficios, prosperidad, gozo y egoísmo sea del Espíritu de verdad. El espíritu de mentira busca explotar a Dios, no glorificarlo y gozarlo. Nos impulsa siempre a buscar nuestro propio beneficio. Hace suposiciones, coloca nuestra voluntad antes que la de Él. Los creyentes están en serio peligro si razonan y juzgan "desde el punto de vista del mundo".

Esa advertencia se aplica a la sanidad por fe de la misma manera que a la prueba de los espíritus. ¿En realidad se nos ha prometido salud, bienestar y prosperidad como hijos de Dios? Nuestra naturaleza humana así lo ansía, pero no siempre es lo mejor para nosotros. Sin duda se nos ha provisto la sanidad espiritual por el sacrificio de Cristo. Murió por nosotros para que pudiéramos vivir en Él. Se ha restaurado nuestra rota relación con un Dios santo mediante la muerte de Cristo como nuestro sustituto. Esto es el fundamento de nuestra fe. Sin embargo, cuando los cristianos consideran si se provee o no la sanidad física en Isaías 53:5 surge el desacuerdo.

Cuando Pedro cita la promesa de Isaías en su carta a los creyentes dispersos por el Oriente Medio, ofrece un posible indicio respecto a la respuesta correcta:

> *Quien llevó él mismo nuestros pecados en su cuerpo sobre el madero, para que nosotros, estando muertos a los pecados, vivamos a la justicia; y por cuya herida fuisteis sanados. Porque vosotros erais como ovejas descarriadas, pero ahora habéis vuelto al Pastor y Obispo de vuestras almas.*

1 Pedro 2:24-25

Cuando escribe de sanidad, Pedro usa la palabra griega *therapeuo*, la raíz de la cual se deriva nuestra palabra en castellano "terapia". Aunque el tratamiento de un problema espiritual no está excluido, *terapia* por lo general se refiere a tratamientos de enfermedades físicas. A pesar de eso, en el contexto del mensaje de Pedro parece más probable que se esté refiriendo a la sanidad espiritual. Él no dice: "porque estabais enfermos"; dice: "erais como ovejas descarriadas". No es la sanidad física sino la espiritual que es la idea paralela. Estos pueblos dispersos y subyugados necesitaban ser resucitados y devueltos al redil. Pedro no parece estar preocupado con su salud o prosperidad. En realidad, estaba muy consciente de que vivían bajo condiciones evidentemente adversas.

Sin embargo, personas de fe auténtica se encuentran apoyando ambos aspectos del tema de discusión. No es probable que tengamos la respuesta hasta que nos encontremos en la eternidad, tiempo en el cual sospechamos que ya no tendrá ninguna importancia. La palabra hebrea para "curado" es *rafa*, algunas veces traducida "reparado". En varios contextos del Antiguo Testamento, sin duda se refiere a la sanidad física así como a la sanidad espiritual. El versículo con frecuencia citado de 2 Crónicas 7:14 utiliza *rafa* para prometer que cuando el pueblo de Dios se arrepienta e interceda, Él "sanará su tierra". Es de presumir que se refiere a sanidad espiritual, puesto que la tierra no estaba enferma. Sin embargo, se emplea la misma palabra en Deuteronomio 32:39 donde Dios dice: "Yo hiero, y yo sano." Es probable que este ejemplo encaje mejor en la columna de la sanidad física.

Oraciones por la sanidad

Si los dos lados en pugna sobre este tema aclaran sus motivos, la doctrina de sanidad no debe crear problemas insuperables. Quienes rechazan el tratamiento médico y sienten lo que parece ser una sanidad milagrosa no tienen forma de saber o de probar que no se recuperaron por medios naturales. Para muchos, la sanidad que reclaman resulta ser sólo temporal.

La mayoría de los creyentes, de cualquier lado que sean, oran con fervor por la sanidad de los enfermos. Aun en las reuniones de oración más formales, serias, no pentecostales, casi todas las peticiones en oración son para personas con problemas físicos o económicos: "Recuerden a la anciana María que está muriendo de cáncer" o "Estén en oración por Juan quien perdió el puesto de trabajo." Unos pocos cínicos pueden concluir que la oración en realidad no cambia nada. La mayoría de los creyentes oran de todas maneras y esperan que suceda lo mejor. Cualquiera que sea el resultado, tienen mucho gusto en interpretarlo a favor de Dios.

La tasa de éxito de quienes con humildad piden la intervención divina, pero no insisten en el tema de sanidad milagrosa, es probablemente tan impresionante como la de quienes exigen sanidad como su legítimo derecho como hijos de Dios. Al analizar los resultados, ambos confían en Dios. A la menor mejoría, sus peticiones de oración se convierten en alabanzas. La mayoría de nosotros creemos en la sanidad, sea que creamos o no en los sanadores. Pero si nuestra teología entra en conflicto con la realidad, será mejor que echemos una segunda mirada a nuestra teología. La fe tiene que ceder a la realidad y no al contrario. Ninguna cantidad o intensidad de creencia cambiará una premisa falsa en una verdadera.

El aspecto presuntuoso de la sanidad por fe y de la prosperidad se inicia cuando la gente da por sentado que Dios decreta que cada creyente tiene derecho a una salud vibrante, un ingreso generoso y circunstancias sin tensiones. ¿Esa suposición también se aplica a los cristianos humildes en las culturas menos afortunadas que la de los Estados Unidos, quienes a duras penas logran mantener el cuerpo y alma juntos mientras viven en escuálidos tugurios? ¿Y qué de los misioneros que vuelven las espaldas a carreras lucrativas en su país para servirle a Cristo en el exterior? Para la mayoría de ellos la teoría de la prosperidad se opone abiertamente a la inflexible realidad.

El error está agravado por tres suposiciones adicionales que no salen de las páginas de la Biblia: Las oraciones contestadas dependen de (1) lo sincera que es nuestra creencia en la sanidad, (2) lo pequeña que es la duda que acariciamos y (3) lo largas o ruidosas o valerosas que son nuestras oraciones. En realidad, sin embargo, lo importante nunca es la sinceridad o la intensidad de nuestra fe. Siempre es el carácter y la grandeza del Dios en quien nuestra fe está anclada. Lo importante es la justicia trascendente de su perfecta voluntad.

La ciencia cristiana: ¿Homicidio sin premeditación?

Continúa la mortalidad infantil causada por la fe presuntuosa.

En defensa de la posición sobre sanidad por fe de la Iglesia Científica de Cristo, Stephen Gottschall, redactor, historiador y consultor de la ciencia cristiana en Boston, busca corregir lo que él llama nociones equivocadas de que su iglesia se adhiere a doctrinas sectarias y radicales.

El escritor religioso Daniel J. Lehman, en un artículo del periódico *Chicago Sun Times* del 31 de enero de 1988, ofrece la siguiente cita de Gottschall: "La sanidad espiritual no es cuestión de agregar fe o la práctica de la sanidad espiritual a una perspectiva teológica existente. Más bien, se trata del estudio consecuente y de la práctica de una disciplina espiritual muy específica que involucra no sólo la sanidad física sino un cambio muy profundo en la forma de ver uno el significado del cristianismo y de sus consecuencias para la vida diaria."

Gottschall define la algo elusiva diferencia entre las creencias de la ciencia cristiana y las doctrinas de los carismáticos y pentecostales, menos formales pero más numerosas y tal vez más vigorosas. Los últimos grupos nombrados enseñan que Dios interviene de manera directa y sobrenatural con sanidades milagrosas, por lo general mediante el poder único de un sanador que usa dones manifiestos. En contraste, la ciencia cristiana enseña que la sanidad es una forma de vida para quienes comprenden las doctrinas reveladas por medio de la señora Mary Baker Grover Patterson Eddy, la fundadora de esta denominación. Para ellos la sanidad es nada más que aprender y obrar de acuerdo con las leyes espirituales de Dios en vez de la medicina. Dicen que la muerte y la enfermedad sencillamente no existen. Sin embargo, las leyes espirituales de Dios sólo se pueden aprender — o por lo menos así parece — de los escritos inspirados, según se afirma, de la señora Eddy, los que sólo han estado disponibles desde que ella los descubrió en 1866.

Aun en Barnstable, Massachusetts, es probable que pocas personas en estos días recuerden a Lisa Sheridan, aunque en 1967 los periódicos estaban llenos del drama continuado de su historia. La pequeña niña sólo tenía cinco años cuando tuvo su primera — y trágicamente su última — lucha con una inflamación séptica de la garganta. Su madre optó tratar la enfermedad de su hija con oración en vez de penicilina. Se le desarrolló una neumonía y tres semanas después de quejarse de una rasquiña en la garganta, la pequeña Lisa murió. Los médicos creen que un tratamiento médico oportuno le hubiera salvado la vida.

El caso de Lisa no fue el primer incidente de una fe presuntuosa aparente por parte de quienes se adhieren a la ciencia cristiana. Sin embargo, la mamá de Lisa lleva la distinción de ser la primera que enfrentó cargos criminales por ser negligente con el tratamiento médico de su hija. Después de un prolongado juicio, un jurado de Barnstable la declaró culpable de homicidio involuntario y un juez la envió a la cárcel.

Al mismo tiempo que Lisa perdía la batalla por la vida contra la neumonía en Massachusetts, Amy Hermanson de siete años moría en la Florida de complicaciones ocasionadas por la diabetes. Sus padres científicos cristianos optaron por la oración en vez de la insulina y la salud de la niña se deterioró lentamente. En un juicio muy divulgado en Sarasota, Florida, después de la muerte de Amy, declararon culpables a los Hermanson de homicidio impremeditado y los condenaron a sólo cuatro años de prisión suspendida y quince años de libertad condicional. Para evitar una posible repetición, el juez de circuito Stephen Dakan también les exigió ofrecer cuidado médico adecuado para sus dos niños sobrevivientes. Los Hermanson continúan siendo creyentes fieles de la ciencia cristiana.

Otra víctima fue Shauntay Walker de cuatro años, quien murió de una meningitis bacterial aguda a los diecisiete días de lo que se supuso ser una larga lucha con la gripe. Su madre, Laurie, había tenido a la niña en casa en vez de enviarla al jardín de infantes en Sacramento, California, y había llamado a un practicante de ciencia cristiana en vez de un médico. La intervención médica no era una opción. Lamentablemente, el proceso fracasó. Cuando Shauntay murió, las autoridades de California consideraron criminal la acción de Laurie Walker. Ella también enfrenta cargos de homicidio sin premeditación y de poner en peligro a la niña.

El caso de Robyn Twitchell

Alrededor de veinte años después, el 4 de abril de 1986, ocurrió una tragedia similar. Robyn Twitchell comenzó a sentirse afiebrado y letárgico. Sus padres, David y Ginger Twitchell, preocupados por su hijo, pidieron ayuda, no un médico profesional sino un practicante de la ciencia cristiana que formaba parte del equipo de sanidad de su iglesia. La tarifa corriente era, entonces, veinticinco dólares al día, un gasto por lo general cubierto por el seguro médico.

El tratamiento se inició de inmediato, pero no se dirigió a las causas físicas de la enfermedad del niño de cuatro años. Los Twitchell fueron guiados a un programa de sanidad espiritual basado exclusivamente en la fe y la oración. Su ayuda habría de venir no de la ciencia médica sino de un libro titulado *Ciencia y salud con clave a las Escrituras.* El proceso de sanidad comprendía un autoexamen profundo y el sopesar de la realidad, la sinceridad y la intensidad de su fe.

Esta pareja de científicos cristianos vivía en un suburbio de Boston, Massachusetts, no muy lejos de la parroquia fundada hace un siglo por Mary Baker Eddy. Sus padres eran científicos cristianos, así que estaban debidamente instruidos en las creencias fundamentales de su iglesia con relación a la sanidad por fe. Aplicando esa norma, pueden haber visto la enfermedad de Robyn como evidencia de que se debilitaba su entendimiento de Dios o su compromiso espiritual. Por tanto, necesitaban examinarse.

El remedio para los Twitchell, según la fórmula de la señora Eddy, era relativamente sencillo: debían redoblar sus esfuerzos en la oración y sus estudios de los escritos inspirados de la fundadora.

La *Clave de las Escrituras* de la señora Eddy desaprueba los tratamientos médicos convencionales porque tales tratamientos elevan al cuerpo por encima del espíritu. Los científicos cristianos creen que Dios lo quiere de la otra manera. A los Twitchell se les instó a mejorar su comprensión de las creencias fundamentales de la ciencia cristiana de que el pecado y la enfermedad en realidad no existen; tampoco existe la muerte. La señora Eddy enseña que estos males no son más que invenciones de la imaginación humana y productos de una mente ignorante. Una vez que los Twitchell recuperaran esos conocimientos, los practicantes tenían la confianza de que la enfermedad de Robyn sería revelada por lo que era: algo que sencillamente no existía.

Desafortunadamente para todos los interesados, la fórmula no dio resultado. Las oraciones del practicante ascendieron junto con las de los padres y la exploración de su comprensión espiritual se hizo más profunda. Sin embargo, el niño empeoró. Como recomienda la iglesia en lo que se llama "casos graves de niños" — y exige, debemos observar, la ley de Massachusetts — el practicante se comunicó con el vocero principal de la iglesia madre para pedir consejos. La respuesta fue tranquilizadora y la terapia continuó. Puesto que Robyn estaba recibiendo el tratamiento adecuado de los científicos cristianos — de manera específica, "oración cristiana profunda" — no se consideró necesario dar pasos más rigurosos. El resultado sugiere que la fe fue presuntuosa.

Alrededor de las diez de la noche del cuarto día después que el practicante comenzó la terapia espiritual, Robyn entró en convulsiones. Los padres asustados insistieron en llamar una ambulancia y el pequeño fue llevado con rapidez al hospital. Los registros muestran que Robyn no mostraba señales de vida durante el viaje. En el hospital, el equipo de la sala de emergencia le administró resucitación cardiopulmonar durante diecisiete minutos, pero sus esfuerzos no tuvieron éxito. A las once y diez de la noche un médico declaró muerto al niño.

La causa del dolor agudo y la muerte de Robyn era un intestino obstruido. Los pediatras dicen que en los niños este tipo de obstrucción intestinal puede ser el resultado de una anormalidad congénita o de algún tipo de trauma en la región abdominal. En algunos casos la causa verdadera queda en el misterio. Los síntomas incluyen vómito, parálisis intestinal, fiebre y un abdomen inflamado. No es difícil de diagnosticar. Los médicos describen el tipo de obstrucción que sufrió Robyn como "insólita, pero no rara". Si se trata de manera oportuna y adecuada, rara vez es mortal. El tratamiento, dicen los terapeutas, puede ser sencillo. En la mayoría de los casos no se necesita nada más complicado que la aplicación de una enema: apenas un procedimiento "médico". Pero el pequeño Robyn no tenía ni voz ni voto en la situación. Sus padres decidieron por él. Se presumió que la oración, el autoexamen y la fe eran suficientes. Su presunción les costó la vida de su hijo.

Después de dos años enteros un gran jurado de Massachusetts los encausó bajo cargos de asesinato sin premeditación. Fueron una de las cinco familias de científicos cristianos que en esa época se encontraban en tela de juicio por la muerte de un niño.

Los padres acusan a la iglesia de negligencia

En Bronson, Iowa, tanto Doug como Rita Swan tienen doctorados. Sin embargo, criados por familias de cristianos científicos en la zona rural de Kansas, eran, como lo describe Rita, "trágicamente ignorantes del cuerpo humano". Ambos siempre habían estado sujetos a las sanciones de su iglesia en contra de exponerse a la información sobre la salud y la medicina. Razonaban que entre menos supieran sobre el tema, mayores eran las probabilidades de que su fe permaneciera inmaculada. Como jóvenes habían rechazado mirar los avisos de la televisión sobre aun los productos más comunes para el cuidado de la salud.

Recordando, Doug Swan se da cuenta de que sus dudas surgieron por primera vez cuando su madre murió en 1955 de un cáncer en el colon después de una larga y penosa enfermedad. A pesar de varios reveses, ella se mantuvo apegada a los cristianos científicos y su terapia hasta que los parientes insistieron en que fuera al hospital. Cuando lo hizo su practicante espiritual rehusó orar más por ella y fue separada de la iglesia.

En 1970, Rita misma comenzó a sentir dolores abdominales agudos, que persistieron a pesar de la intervención del practicante de los cristianos científicos. Dos años después, los síntomas por fin desaparecieron y los Swan le dieron todo el crédito a su religión. En 1975, Rita quedó embarazada de su segundo hijo y los dolores regresaron. Cuando nació Matthew, el obstetra (permitido dentro de la doctrina de los cristianos científicos) determinó que un enorme quiste ovárico era la causa del problema y les rogó a los Swan que obtuvieran ayuda médica (la cual no es permitida). Ellos rehusaron y durante varios meses más dejaron la situación en manos de los practicantes de su iglesia. Sin embargo, al final, el dolor se tornó tan intenso que Doug llevó a Rita a un hospital cercano, donde la cirugía rápidamente resolvió el problema.

Cuando la iglesia supo los detalles, impuso a los Swan un período a prueba y prohibió a Rita continuar enseñando en la clase de la escuela dominical.

No mucho tiempo después, su hijo Matthew, de quince meses, cayó con fiebre. De nuevo vino el practicante. "Es probable que le esté reventando un diente", fue el diagnóstico. Se elevaron oraciones fervientes y a los pocos días la fiebre se había ido, así que de nuevo el practicante y la sanidad por fe recibieron todo el crédito. Pero durante los próximos pocos meses la fiebre misteriosa le volvió al niño en varias ocasiones. Conscientes de la disciplina anterior de los Swan a manos de la iglesia, el practicante vio una relación directa entre la enfermedad del bebé y el abandono de la fe por parte de Rita al buscar ayuda quirúrgica. "Una vez que uno acepta las leyes de la ciencia médica, esas leyes pueden volverse y dar golpes de formas inesperadas", se les exhortó a los padres.

Intimidada, Rita recuerda con tristeza que, sin protestar, ella "se resignó a la culpa".

La fiebre pasó, pero cuando Matthew tenía dieciséis meses ocurrió un ataque aún más violento. De nuevo fue llamado un practicante y de nuevo los padres escucharon el pronunciamiento de que las dudas y los temores de los Swan estaban interfiriendo con los esfuerzos para sanar al niño mediante la oración. El problema era la incredulidad de los padres.

El practicante se paró ante el niño que se revolcaba e imploró a Matthew que se librara de la enfermedad. "Dios no hizo la enfermedad; la enfermedad es sólo una mentira", repetía. Los padres hicieron lo que pudieron para luchar con la creciente angustia y reemplazarla con los pensamientos positivos que exigía la iglesia.

Cuando la fiebre empeoró, los asustados Swan sugirieron que era hora de buscar ayuda médica. El practicante los previno contra cualquier rendición de la fe. La ciencia médica, insistía, no podía hacer nada por Matthew y si los padres se volvían otra vez a los médicos sería "un largo y duro camino de regreso a los cristianos científicos". Esto les resultó muy intimidante, pues ambos atestiguaron que no podían imaginarse la vida sin su iglesia. Se encontraron en un dilema horrible: verdaderamente preocupados ahora por la vida de su hijo, pero temiendo que si llamaban a un médico podían enterarse de que habían esperado demasiado. Sabían que su iglesia los rechazaría por negar sus doctrinas clave, dejándolos devastados. Al final, no habría ayuda para su hijo de ninguno de los lados.

Es irónico que sucediera de esa manera. Después de una vigilia inútil de toda la noche al lado de la cuna de Matthew, lo llevaron a un hospital. Rápidamente diagnosticaron la enfermedad como un tipo de meningitis bacterial parecida a la de Shauntay Walker, la que en sus etapas tempranas responde bien a los antibióticos. Ahora la infección había avanzado de manera alarmante. Los médicos harían todo lo posible, pero podían ofrecer poca esperanza.

— Bien, ¿puede nuestra practicante de los cristianos científicos quedarse en la habitación contigua a la de Matthew? — preguntaron.

Sí, si eso era lo que querían, el hospital lo permitiría.

La practicante se negó a tener parte alguna en el arreglo. Esa fue la gota que colmó el vaso para Doug. "En ese momento, cuando Matthew estaba en su lecho de muerte y ella se negaba a orar, abandoné la religión", dice. Unos pocos días más tarde su hijito murió.

Eso tuvo lugar en 1977. En 1980 los afligidos padres pusieron una demanda contra su iglesia y los practicantes, acusándolos de negligencia y falsedad. Perdieron, pues el tribunal dictaminó que las iglesias están protegidas por la primera enmienda a la constitución de los Estados Unidos, que garantiza la libertad de religión. En 1983 los Swan fundaron una organización sin fines de lucro llamada "El Cuidado de la Salud de los Niños es una Obligación Legal".[*] Se encuentran ejerciendo presión para que se eliminen las cláusulas de excepción en los códigos penales estatales que permiten a los padres negar cuidado médico a sus hijos debido a creencias religiosas.

Según la ley

En cierta época, cuarenta y siete de los cincuenta estados de los Estados Unidos tenían leyes que protegían el derecho de los padres, en caso de ser mandato de fe, de invocar sanidad sobrenatural para sus hijos en vez de darles cuidado médico. En algunos estados la legislación de exención religiosa parece colocar al mismo nivel el tratamiento médico y el de oración.

La academia americana de pediatría adoptó una posición en público contra tales excepciones en una declaración emitida hace pocos años y ahora están escudriñando las leyes con más detenimiento. El doctor William Weil, anterior presidente del comité sobre bioética de la academia, les declaró a los reporteros del *Boston Globe*:

> *A las personas se les debe garantizar todos los derechos religiosos posibles, pero no hay garantía en la Constitución . . . de que uno puede actuar de una manera que sea dañina a los demás y excusarla debido a creencias religiosas. Y vemos caso tras caso, de un extremo del país al otro, donde murieron los niños a quienes se les negó la inmunización y el cuidado médico.*

A las creencias religiosas, aun a algunas consideradas estrafalarias, se les ha otorgado exención de las normas de la sociedad, tales como

---

[*] Para residentes de los Estados Unidos que se interesen, el nombre en inglés es: CHILD (Children's Healthcare Is a Legal Duty), Box 2604, Sioux City, Iowa 51106.

el rechazo de saludar la bandera y la objeción consciente al servicio militar en tiempo de emergencia nacional. En algunos casos los padres profundamente comprometidos han rechazado matricular a sus hijos en las escuelas públicas. Sin embargo, de alguna manera, esas excepciones parecen caer en una categoría diferente de presunción. La sociedad puede ser considerablemente menos tolerante cuando se sustituye un tratamiento médico necesario por la fe, en especial cuando se trata de los vulnerables niños.

Muchos de los planes de seguro privados y de compensación laboral en la actualidad colocan la sanidad por fe en la misma categoría que el cuidado médico convencional. Aun "Medicare" (el seguro de salud federal) ahora reembolsa a sus asegurados por ciertos costos de sanidad por fe. Los pacientes que reciben tratamiento de oración por parte de practicantes certificados de los cristianos científicos o quienes se recluyen en sanatorios de los cristianos científicos donde sólo se dan tratamientos espirituales, con frecuencia tienen derecho a beneficios económicos similares a los que disfrutan las personas hospitalizadas o atendidas por médicos.

Esas leyes y políticas han sido una bendición para los cristianos científicos y otros adeptos a la sanidad por fe, pero uno por uno los estados ahora se están apartando del concepto de los derechos de los padres al de un nuevo interés por los derechos de los niños. El primer reto a los derechos de los padres en este sentido llegó con una decisión de la Corte Suprema en 1944. No fue un caso de sanidad por fe; más bien el dictamen negó la demanda, por parte de los padres que apelaban, de una exención religiosa de las leyes sobre el trabajo de menores. La amplia opinión de la corte también incluyó la declaración: "El derecho de practicar la religión libremente no incluye la libertad de exponer [al niño] a la mala salud o a la muerte." Debido a ese fallo, abogados y jueces de instrucción durante los casos de sanidad por fe con frecuencia citan esa decisión.

Jesse Choper, decano de la facultad de derecho de la Universidad de California en Berkeley, espera que todas las exenciones religiosas que tienen que ver con tratamientos médicos algún día serán derogadas. "En el fondo, no se puede decir que la Constitución me da inmunidad porque mi acción está basada en un punto de vista religioso bien fundado", dice. Tal vez, de alguna manera relacionada con esa tendencia, la membresía de los cristianos científicos en la actualidad parece encontrarse en una grave decadencia. En contraste, otros grupos que creen en la sanidad por fe, en especial los creyentes denominados "carismáticos", están creciendo.

Aunque pueden producir sus propios registros de sanidades por fe, al parecer genuinos, los seguidores de la señora Eddy podrán pronto encontrarse entre las especies religiosas en peligro de extinción. Su teología mezcla la metafísica, la sanidad, las Escrituras y la autoridad del manto de profetisa que todavía se atribuye a la legendaria señora Eddy. Sin embargo, las creencias de la Nueva Era pueden estar ahora usurpando las pretensiones de los cristianos científicos al conocimiento metafísico exclusivo. Los carismáticos parecen estar en el centro de atención en lo que trata del tema de la sanidad. Curiosamente, los científicos cristianos obtienen poca ventaja del interés que retoña en la sanidad por fe. En cambio, este interés está provocando un crecimiento masivo dentro de las comunidades pentecostales.

6

EN GUARDIA CONTRA LA PRESUNCIÓN

Efectivamente, el director de la revista *Voz* me dijo exactamente lo que no quería oír. Le gustó mi manuscrito y la historia aparecería en una de las primeras ediciones de la revista. Pronto estaría contándole al mundo mi increíble liberación después de ocho años como maniacodepresivo. Estaba entusiasmado. Mi testimonio animaría a miles de cristianos dudosos o tímidos a confiar en Dios para la sanidad que Él promete a todos los que de verdad creen. ¡No más medicinas! ¡Qué liberación! ¡Qué fe!

Así que tuve que decirle la verdad: Lo siento, señor, me había apresurado. Después de todo no estaba sanado; soy un impostor. Olvídese de lo de la sanidad por fe; lo estoy llamando desde una sala psiquiátrica. La verdad es que no estoy sanado; estoy enfermo, desilusionado y desanimado. ¡Parece ser que seré un maniacodepresivo durante el resto de mi vida.

¿Por qué, Señor? Si alguna vez he creído en algo, creí en esa promesa de Isaías sobre lo de que la sanidad está incluida en el sacrificio de Cristo. Reclamé mi sanidad para la gloria de Dios, no sólo para poder sentirme mejor. Hice mi confesión positiva. Nunca dudé por un momento que mi fe me había liberado de mis aflicciones como maniacodepresivo. No pasé por alto ninguno de los ingredientes de la receta religiosa. Estaba armado con todas las fórmulas de sanidad por fe y el vocabulario adecuado. Usé todo el arsenal con suficiente autoridad: descalzo en el terreno santo, la voz levantada, la adrenalina fluyendo, con Biblia en mano, con las páginas abiertas en las promesas específicas que reclamaba. Mi mente estaba sintonizada con las afirmaciones poderosas que me instaban mis maestros. No se permitió que ningún pensamiento negativo contaminara mi proceso de sanidad.

En una dramática ceremonia exclusiva para mí, me deshice de mis píldoras de litio y las arrojé por el inodoro. Tales muletas eran totalmente inadecuadas para una gran fe como la mía. La fórmula puede haber dado resultado para otros, pero no funcionó para mí.

Sin embargo, hay que darles crédito a los sabios directores de *Voz*. Mi recaída les proporcionó un reto nuevo y diferente. Miraron más allá de las doctrinas y de las fórmulas para la sanidad y liberación, y enfocaron la realidad. De todas maneras publicaron mi historia, pero el tema no era la liberación por fe. "En su tiempo, no en el mío" apareció como una historia de esperanza para las personas deprimidas temblando bajo el estigma de su disfunción. Les habló a las multitudes que buscan la sanidad como lo hice yo; personas que, a pesar de todas esas promesas de la Biblia, salen con las manos vacías. Más que eso, era una dura advertencia contra los peligros de mezclar la fe con la presunción.

Le confesé al director la penosa realidad y le ofrecí mis excusas por haberme adelantado a Dios al escribir prematuramente sobre mi imaginada victoria de fe. Gracias a Dios, este hombre perspicaz sabía las necesidades de sus lectores de las que yo no había pensado. Miembros de su equipo reestructuraron mi manuscrito para ofrecer aliento a personas cuya fe está disminuida, aun derrotada, por las circunstancias adversas de la vida; personas que creen tanto como cualquier otro pero que siguen sin sanarse. La historia, tal como la publicó *Voz*, les advierte a gritos a las personas inclinadas a interpretar demasiado rápido el significado de textos aislados de la Biblia. Puede haber miles de personas aquejadas a través del mundo en el momento emocionado de su fe recién adquirida que sacan conclusiones precipitadas basadas, en su mayor parte, en el razonamiento humano y sus deseos. Tarde o temprano, ellos, o tal vez otros que dependen de ellos, sufren las trágicas consecuencias de la fe presuntuosa.

Algunos cometen el error de ver sus propios pensamientos en los textos de la Biblia en vez de ver los pensamientos de Dios que están allí. A otros les puede hacer falta la disciplina para investigar las Escrituras asiduamente ellos mismos en busca de las respuestas autorizadas de Dios. Muchos del pueblo de Dios hoy día, por ignorancia, se vuelven víctimas confiadas de maestros demasiado entusiastas. Algunos de esos maestros pueden ser manipuladores intencionados. Tenemos que estar conscientes de las versiones modernas de los falsos profetas sobre los que escribió Moisés:

> *Y si dijeres en tu corazón: ¿Cómo conoceremos la palabra que Jehová no ha hablado?; si el profeta hablare en nombre de Jehová, y no se cumpliere lo que dijo, ni aconteciere, es palabra que Jehová no ha hablado; con presunción la habló el tal profeta; no tengas temor de él.*

Deuteronomio 18:21-22

"En su tiempo, no en el mío", de la edición de agosto de 1988 de la revista *Voz*, habla con amor a todos los que son lo suficientemente candorosos para creer una doctrina sólo porque una presunta autoridad les dice que es verdad, o porque quieren que sea verdad. Con la ayuda de los editores de *Voz*, mi historia dramatiza los peligros que las personas de fe sincera pueden encontrar y el dolor que podemos causarnos a nosotros mismos y a los demás cuando sistemas religiosos ciegos, crédulos, mal informados y enseñados de manera inadecuada nos incitan a actuar en forma impulsiva y sin sabiduría, a veces aun de manera irracional e irresponsable. La nota de los directores que precede mi artículo aconseja: "Stan dedica este artículo a todos los que puedan estar luchando con este mismo tema. Espera que quienes lean esta historia aprendan a mezclar su fe con sabiduría al tomar sus decisiones sobre este tema tan sensible."

El artículo relata cómo casi nueve meses después de negarme a tomar mis píldoras de litio y de afirmar haber sido sanado por fe, comencé a sentir esos terribles síntomas de nuevo. No podía dormir de noche, me sentía tembloroso y cansado. Mi mente se desbocaba y no me podía concentrar. Me volví un recluso. Pasé por un período de confusión terrible, recibiendo consejos contradictorios de amigos y de guías cristianos bien intencionados. Algunos presionaban duro para que confiara en Dios a pesar de esas señales de advertencia y permaneciera sin la medicina. Otros sugirieron que sería prudente que obrara con cautela y regresara a mi carbonato de litio.

Desesperadamente ansioso de tomar una decisión acertada, comencé a leer mi Biblia para ver si algo escrito en la Palabra de Dios podía desenredar mi confusión. Hubiera querido haberlo hecho con anterioridad. Poco a poco surgió la respuesta. Comencé a darme cuenta de que mi problema tenía sus raíces en mi orgullo. Había comprendido la importancia de creerle a Dios, pero estaba poniendo todo el énfasis en la cantidad y calidad de la fe mía. Razonaba que entre más fe pudiera reunir, más dispuesto estaría Dios a recompensarme con su intervención milagrosa. Sin embargo, Jesús dijo que es suficiente la fe tan grande como un grano de mostaza (véase Lucas 17:6). No importaba el tamaño de mi fe. Debía haber dirigido mis pensamientos hacia el tamaño del Dios en quien se sostenía mi fe. Había visto mi fe como una virtud — una hazaña espiritual — en vez de un regalo de Dios y un medio de su gracia. En consecuencia, había dejado de equilibrar mi fe con la sabiduría que sólo viene de Dios (véase Santiago 1:5). Actué con presunción y mezclé esa presunción con una sobredosis de ego. En mi artículo, los editores me permitieron dar este testimonio personal:

> *Por favor, no me entiendan mal. No estoy menospreciando la fe. He visto de primera mano el toque de la sanidad milagrosa de nuestro Señor, tanto en mi vida y como en la vida de otros. Dios me ha liberado de la adicción a drogas de receta y a la cocaína, y me ha sanado de mi herida en la espalda. Además, he visto oídos destapados y ciegos que volvieron a ver. Sin embargo, en mi deseo orgulloso de escapar del estigma de la depresión maniaca, me adelanté a Dios.*
>
> *Tenía que aprender que se sanarán las cosas en su tiempo, no en el mío. Desde entonces, he aprendido a contrapesar la fe con sabiduría y a aceptar el método de Dios y su calendario para sanar. Al entender eso, me sentí en paz respecto a reiniciar mi medicamento bajo la supervisión del médico.*

Una nueva libertad

Mi historia obtuvo una abundante respuesta por parte de cientos de lectores de la revista *Voz* alrededor del mundo. Desde que se publicó este artículo, me han inundado más de seiscientas cincuenta cartas de veintidós estados y de siete países extranjeros. La mayoría de ellas dan testimonio del estímulo que mis dolorosas experiencias les han proporcionado a los lectores que pasaban por circunstancias similares. Algunas de estas cartas son de paisanos norteamericanos muy cultos; otras son de personas humildes de países del tercer mundo, escritas en un inglés que deja mucho que desear. Algunas están escritas a máquina, otras están caligrafiadas, y otras escritas en letra de molde, hechas con dificultad como por niños. Dos o tres son casi indescifrables. Sin embargo, todas esas cartas tienen en común algo inmensamente importante. Debido a que estas personas leyeron mí historia en la revista *Voz*, de alguna manera ellos o sus seres queridos sintieron alivio de su carga de vergüenza. Carta tras carta habla de la determinación de alguien de sacudirse el estigma de lo que el público mal informado llama "enfermedad mental". Cada escritor está determinado a unirse a la raza humana de nuevo. Muchos de los que me escribieron anuncian que por fin están listos para dejar de quejarse a Dios por sus circunstancias y aceptar su disfunción como parte de su plan perfecto. Algunos por primera vez aceptan el hecho de que "el aguijón en la carne" que los devasta y avergüenza es físico y químico, y no mental en absoluto.

Para Fran, una maniacodepresiva

No invadiré su vida privada usando sus nombres verdaderos, pero le relataré a usted extractos de algunas de esas cartas.

De El Centro, California, Fran escribió para hablarme de su lucha de ocho años con lo que ahora sabe que es un desequilibrio químico. Ella es bibliotecaria con un título en pedagogía. Sintió síntomas emocionales severos por primera vez bajo la tensión de un divorcio que no deseaba. A medida que empeoraban sus circunstancias, Fran sufrió cuatro episodios maniacos y se hundió emocionalmente en un período en el que estaba tan deprimida que no estaba dispuesta a dejar su cama. Hospitalizada durante uno de sus episodios maniacos, la encerraban sola en un cuarto. Para su seguridad, el único mueble era una alfombra en el suelo. Para ella, eso fue donde todo tocó fondo.

"¡No soy nada, no soy nada!" recuerda haberle clamado a Dios, e igual de claro, ese silbo apacible y delicado dentro de ella parecía responder: "Sí, no eres nada, ¡pero me especializo en hacer algo de la nada!"

"Pensé en la creación — escribió Fran — y me di cuenta de cuánto había hecho Dios de la nada. Eso me inició en el camino ascendente y fuera de ese lugar." En su carta relataba comentarios personales con relación a experiencias humillantes con el estigma de ser enferma mental, pero entonces con un resurgimiento de su espíritu la carta de Fran citó lo que se ha vuelto su versículo favorito de la Biblia:

"Cercano está Jehová a los quebrantados de corazón; y salva a los contritos de espíritu. Muchas son las aflicciones del justo, pero de todas ellas le librará Jehová" (Salmo 34:18-19).

No dudo que Fran triunfará; es una verdadera sobreviviente.

Para Pat en la prisión

Un recluso de veintinueve años que llamaré Pat leyó mi artículo y escribió una larga carta desde la penitenciaría estatal de Kansas, la que firmó: "¡Sinceramente confundido!" Se encontraba esperando el dictamen sobre su libertad condicional, pero no estaba seguro de quererla aun si se la aprobaban. "No tengo a nadie a quien ir con la libertad condicional — escribió —, ni amigos, ni patrocinador, ni familia." A juzgar por su carta, las necesidades de Pat son gigantescas.

Describió con lujo de detalles la manera como se vengaba cuando un guarda o un compañero de prisión amenazaba con herirlo. "Les digo: '¡Bien, miren esto!' y me hago varios rasguños, como bombillas, pongo alambres eléctricos vivos en mi lengua, o golpeo el acero sólido o las paredes de concreto con mi cabeza o mis puños. Claro, sólo surte efecto después que me ponen desnudo en una celda solitaria."

¿Es esa la voz de un desequilibrio químico? Los diferentes psicólogos o psiquiatras harían diferentes diagnósticos de la inestabilidad mental de Pat, pero estarían de acuerdo en esta premisa fundamental: algo no funciona en el cerebro de Pat. ¿Puede un hombre bajo esas condiciones alguna vez volver a ser útil en el reino de Dios?

No hay garantía. Tampoco hay enseñanzas específicas en la Palabra de Dios que nos aseguren que Dios restaurará la prudencia y juicio de Pat, o que lo liberará de su carga de culpa. Nos mueve la compasión y nos gustaría ver que sucediera ese milagro. Podemos pedirle a Dios que lo haga, y podemos plantearle nuestro caso para la restauración de la salud mental de Pat, así como Abraham expuso su caso por Sodoma (véase Génesis 18:23-33). Pero me parece que la oración intercesora consiste en *pedir*, no en exigir ni dictar. No podemos saber las alternativas y no podemos saber el futuro. Creo que lo mejor es que dejemos la decisión final en las sabias y capaces manos del Señor.

Para Doris, quien sufría de ataques de pánico

Doris, del norte del estado de Nueva York, escribió sobre sus ataques de pánico que llegaban sin previo aviso. Su médico le recetó una medicina que parecía ayudarla. *¿Cómo puede ser* — pensaba ella —, *que una cristiana de una voluntad bastante fuerte como yo pueda perder el control un día y no ser capaz de hacerle frente a la vida sin ayuda de mi medicina?* Luego ella continuó lamentándose:

> *Recuerde que mientras pasaba por esto, los ministros en la televisión predicaban sobre la sanidad y la pedían en oración. A medida que oraban, yo oraba por la liberación de las medicinas y de los ataques. Sólo usted sabe la devastación que sentía cuando después de la oración no tenía liberación de la medicina ni de los ataques. Eso en sí se volvió deprimente y, para agravar las cosas, ministros del Señor bien intencionados decían que si no éramos sanados había algo raro en nosotros. Entonces predicaban sobre la opresión demoniaca, así que sentía más desaliento, pensando: "Nunca saldré de esto porque los demonios van en pos de mí y ya han orado por mí, así que estoy condenada." Pensé en suicidarme.*

¿Nos dice la Biblia que los cristianos nunca "pierden el control"? ¿Nos exime de las consecuencias naturales si a nuestros cerebros les faltan los ingredientes necesarios para funcionar con normalidad? No. El hecho es que el cuerpo del cristiano es tan vulnerable a los microbios, virus, malignidades, tensiones, alergias, heridas, disfunciones orgánicas, calvicie, caries y desequilibrios químicos como los de las otras personas del mundo. Doris no está condenada; ¡todo lo contrario! Sencillamente es una hija de Dios que necesita comprender de manera más clara que su Padre celestial realiza sus propósitos en sus redimidos aun cuando el camino sea difícil. Esa confianza específica es lo que los cristianos conocemos como fe.

Elementos de la fe

Por cierto, ¿qué es la fe? ¿Tiene o aun necesita una definición?

¿Hay alguna posibilidad de que la gente honrada que ansía ejercitar la verdadera fe corra el riesgo de pasar de la raya? ¿Qué pasa si traspasamos los límites de la fe de lo que es racional y práctico? Después de todo, la fe presuntuosa puede ser nada más que fe responsable y genuina que ha pasado de la raya.

La mayoría de nosotros estamos familiarizados con los estragos que puede producir una fe distorsionada. Sin embargo, si con miedo nos alejamos de una fe que es presuntuosa, ¿dejaremos de alcanzar la fe que es genuina?

Tal vez aún más importante, ¿cómo puede el creyente promedio saber la diferencia? ¿Puede el hombre, la mujer, el niño o la niña común en las bancas de las iglesias o escuchando la radio o mirando en la televisión la evangelización, protegerse contra la fe que pasa de la raya? ¿Puede cualquiera de nosotros estar seguro de que nuestra fe es auténtica y mezclada de manera adecuada con la sabiduría y la sujeción?

Una buena definición

Tales preguntas se hacen aún más difíciles cuando reconocemos la naturaleza abstracta de la fe. La fe es intangible y con frecuencia está mal entendida. Sin embargo, esa omnipresente palabra de dos letras es el mejor medio disponible para describir un proceso único y muy personal de la mente y el corazón humano. La fe, como la presenta la Biblia, identifica a quienes declaran y practican su lealtad a Cristo y a la confiabilidad de la Palabra de Dios. Las personas de fe son las que reconocen y responden a su verdad, un proceso que es raro en este mundo lleno de dudosos. Sin embargo, debido a que la fe no puede sentirse mediante los cinco sentidos, a algunos les resulta difícil de definir.

A uno de los autores bíblicos, sin embargo, parece que le resultó una tarea sencilla el definir la fe. Lo logró en diecinueve cortas palabras: "Es, pues, la fe la certeza de lo que se espera, la convicción de lo que no se ve" (Hebreos 11:1).

Se nos advierte que sin fe nadie puede agradar a Dios (v. 6). Parafraseando el resto de ese versículo, quienquiera que viene a Dios tiene que creer no sólo que Él existe sino también que hace lo que dice que hará cuando las personas que creen lo hacen responsable de su promesa. El nombre bíblico para ese sistema de creencia es "fe".

El autor de Hebreos no sugiere por qué regla de evidencia se establecen nuestra confianza y certidumbre, pero en este capítulo sobresaliente describe con mucho detalle los hechos precisos mediante los cuales comprobaron su fe los hombres y las mujeres de Dios de tiempos pasados. La lista de hombres y mujeres fieles revela la amplitud de la respuesta humana a las promesas específicas de

Dios. Observe, sin embargo, el énfasis en las promesas específicas, no en la imaginación o especulación de quienes creen.

La fe *comprueba* lo que se nos ha prometido en Cristo. Obrando como respuesta a todo lo que revela la Palabra escrita, se toma la molestia de encontrar lo que está y lo que no está en la Palabra de Dios. A la fe no se le permite especular de manera desatinada ni escribir su propio libreto. Tampoco retrocede cuando amenazan el dolor o la pérdida. No se queda contenta con menos que lo que se ha prometido, pero tampoco se mueve con presuntuosidad más allá de los límites que ha revelado Dios.

A cambio de justicia

"Creyó Abraham a Dios, y [su fe] le fue contado por justicia" (Romanos 4:3). Como todos los miembros de la raza humana, a Abraham le faltaba la suficiente justicia para sostener una relación personal con el Dios santo que había tomado control de su vida. A cambio de esa justicia, Dios aceptó su fe. Eso quería decir que había que poner los valores y prioridades de Abraham en armonía con las promesas específicas de Dios. "Porque por ella alcanzaron buen testimonio los antiguos" (11:2), continúa el autor de Hebreos, recordándonos el valor trascendente de la fe en el esquema divino de las cosas. En las Escrituras se presenta la fe como esencial para una relación personal con Dios. Creer en sus promesas específicas — y no tensar los músculos espirituales, adelantársele o impresionarlo con nuestro heroísmo — es la dinámica que lleva a cabo las transacciones divinas. Para ayudarnos a entender esa verdad, el autor de Hebreos dice: "Por la fe entendemos haber sido constituido el universo por la palabra de Dios, de modo que lo que se ve fue hecho de lo que no se veía" (v. 3).

El observar con discernimiento la creación que nos rodea exige que utilicemos un sexto sentido llamado "fe". Reconocemos que todo lo que vemos en su estado natural en un tiempo no existía; fue creado. "Creado" no es lo mismo que construido, ensamblado o adaptado. Sólo lo que hace el hombre llega a existir mediante tales procedimientos. La parte de Dios fue creada, formada de la nada.

La sabiduría

¿Cómo afirmamos eso? La ciencia no se atreve, pues mutilaría sus presuposiciones fundamentales. Los creyentes lo afirman por fe, fe mezclada con sabiduría y razón y armada con hechos. Las montañas, los océanos y el firmamento no siempre han estado aquí. Nuestra razón nos dice que todo, con una sola excepción, tiene que haber tenido un comienzo. La única excepción es Dios.

Antes que existieran las cosas visibles de nuestro universo, existía Dios. La razón verifica esa verdad si escuchamos con cuidado su voz. Si nos humillamos lo suficientemente para aceptar su testimonio, la sabiduría impone la premisa de "algo de la nada" sobre la cual se sostienen todas las cosas creadas. "El universo fue hecho por la palabra de Dios." Podemos aceptar eso sólo por fe. La fe es la capacidad de concebir y saber que Dios, y no un accidente cósmico, nos dio el universo que percibimos mediante nuestros cinco sentidos. Así que la fe, lo intangible, se une con las cosas tangibles para inclinarse ante el papel creativo de Dios.

Las personas que creyeron en las promesas de Dios

Fe es actuar basado en la integridad de las promesas de Dios; pero cuidado: Si el creyente no sabe o entiende esas promesas, o si deja de interpretarlas con responsabilidad, a la fe que estructura basada en sus términos le faltará la integridad de Dios. Cuando ese creyente mal informado actúa, lo hace con presunción.

El autor de Hebreos nos ayuda a aplicar el principio de la integridad a la vida de personajes del Antiguo Testamento seleccionados con cuidado. Comienza con Abel, el segundo hijo de Adán, cuya prueba de justicia no fue algo más heroico que la ofrenda del sacrificio de sangre prescrito. Ese sacrificio le aseguró a Abel su relación con Dios, pero no parece haber mejorado ni su salud, ni su fortuna, ni su longevidad. Murió a manos de su hermano Caín, un hombre sin fe.

Luego está Enoc, el santo misterioso de fe ejemplar que un día desapareció porque Dios lo llamó. No hay registros de su gran valor; sólo sabemos que Enoc le complacía a Dios. Puesto que es imposible complacer a Dios sin fe, podemos suponer que Enoc creyó en las promesas de Dios.

Luego viene el relato de Noé, que no necesitó de un milagro para convencerlo de que Dios hablaba en serio respecto al diluvio prometido. Noé salvó a su familia y condenó al mundo mediante la larga y difícil saga de la construcción del arca. Hizo lo que se le dijo que hiciera. Durante ciento veinte años predicó sobre el juicio a sus conciudadanos y construyó el arca por orden de Dios. Al parecer, él y sus hijos trabajaron sin beneficio de los milagros por fe. Noé y su familia tuvieron que dibujar los planos, cortar la madera, cargarla hasta el sitio de la construcción, aserrarla al tamaño adecuado, clavar cada tabla en su sitio, y sellar todo el arca con brea. Luego salieron a recoger los animales. Tenían que recolectar alimento para un largo crucero. Parece haber muy poco que sea sobrenatural en todo eso.

Abraham era también un hombre de fe, pero eso no le garantizó al patriarca ni una salud vigorosa ni una vida de lujo. Era un nómada. Encontró aceptación por parte de Dios porque "salió sin saber a dónde iba". Estuvo dispuesto a sacrificar a su hijo antes que Dios proveyera un sustituto para colocar sobre el altar. Compartiendo el incierto destino de Abraham estaba Sara, que logró concebir y dar a luz a un hijo en su ancianidad. Jehová hizo una promesa específica y Abraham y Sara se dieron cuenta de que Él cumple su palabra.

Luego estuvieron Isaac, Jacob y José, quienes en fe tuvieron sus momentos de desesperación así como sus momentos de triunfo. A través de todo esto, creyeron lo que dijo Dios. No siempre fueron ciudadanos modelo, pero actuaban basados en su fe.

Cuando Moisés suplicó el favor de Faraón para con su pueblo, estableció su autoridad al hacer milagros. No los ideó Moisés, sino que los ordenó Dios para un propósito específico en la realización de su plan. Fueron necesarios debido a las circunstancias. Por fe — en realidad la fe de su madre — el bebé Moisés fue escondido durante tres meses como respuesta a la conspiración del Faraón de destruir los niños judíos recién nacidos. La hija de Faraón lo llevó al palacio: otra consecuencia de la fe. Abandonó la casa del rey cuando vino el llamado a dirigir el éxodo, y eso también lo hizo por fe.

Moisés queda en primer lugar en la revista de las realizaciones por fe en la Epístola a los Hebreos. En ninguna parte, sin embargo, está registrado que él pusiera a Dios en exhibición o que en público demostrara sus poderes para engrandecerse. Tampoco se lanzó en una campaña de satisfacción del ego para probar la existencia de Dios mediante milagros asombrosos. Dios no tiene necesidad de probar su existencia o de tensar sus músculos. Aunque el hombre no lo crea, Dios es. No sufre de inseguridad ante la presencia de quienes no tienen fe.

Aun Rahab, la ramera, logra conseguir un lugar entre los fieles, pero no mediante actuaciones teatrales cuidadosamente maquinadas.

124 ¿Podemos limitar a Dios?

Impulsivamente, escondió a los dos espías de Josué entre los tallos de lino en el techo y mintió al rey de Jericó para salvarlos. Era una ramera que se volvió creyente. La lista de los fieles sigue y sigue: Gedeón, Barac, Sansón, Jefté, David, Samuel y los profetas. Sus actos de fe, que cubren todo el espectro de la experiencia humana, son parte del registro del Antiguo Testamento. Ellos:

- conquistaron reinos.
- hicieron justicia.
- alcanzaron promesas.
- taparon bocas de leones.
- apagaron fuegos impetuosos.
- evitaron filo de espada.
- sacaron fuerzas de debilidad.
- se hicieron fuertes en batallas.
- pusieron en fuga ejércitos extranjeros.
- recibieron a sus muertos mediante resurrección.
- fueron atormentados, no aceptando el rescate.
- experimentaron vituperios y azotes.
- fueron encarcelados y puestos en la prisión.
- fueron apedreados.
- fueron aserrados.
- fueron muertos a filo de espada.
- anduvieron vestidos de pieles de oveja y de cabra.
- fueron pobres, angustiados y maltratados.
- erraron por los desiertos, los montes, las cuevas y las cavernas. (Véase Hebreos 11:33-38.)

Algunas de estas distinciones no serían atractivas hoy. Si la fe amenazara doler y despojar, temblaríamos ante la oferta. Sin embargo, esos fueron actos de determinación, altruismo, heroísmo y persistencia, todos hechos por fe. Es curioso que no se hace mención de sanidad física. Observe que los últimos nueve artículos no hablan de liberación sino de derrota, de sufrimiento y de muerte. La única contribución que algunos de ellos pudieron hacer fue morir bien. No hay nada heroico aquí: no hay sanidades, no hay publicidad, no hay satisfacción del ego. Estos héroes de la fe fueron perseguidos y rechazados porque navegaban por la luz de estrellas hasta ahora no descubiertas. No eran actores; en la fe que vencía se presentaron como sacrificios vivos. Les costó muy caro, pero pagaron el precio con gusto para servir al Dios vivo. Al final, el precio que pagaron se convirtió en ganancia.

Guárdese de los falsos profetas

Pero hay otra clase de precio conectado con los actos de fe y ese precio es pérdida trágica, no ganancia. Una fe presuntuosa inmerecida — error de su madre y no de ella — nunca será más desastrosa que lo que fue para la pequeña Kimberly McZinc originaria del pueblo de Pace en el noroeste de la Florida. En 1988, Kimberly no había cumplido cinco años cuando se convirtió en la víctima inocente de una liturgia religiosa sin sentido. Lamentablemente, un conocimiento de la Biblia podría haberlo evitado con facilidad. Lo que la mató, según una serie de historias del periódico *Jacksonville Union*, no fue ninguna adoración de una secta satánica, sino un ritual supuestamente cristiano presidido por alguien que decía que era una profetisa de Dios.

La pequeñita de trenzas no fue la víctima del odio ni la ira ni la violencia criminal. Murió a causa del celo religioso mal dirigido de la inteligente mujer que la dio a luz. Kimberly estaba perdida desde el momento en que su madre proclamó su lealtad a las revelaciones falsas de una tal Mary Nicholson, una sediciente vocera de Dios.

La madre de Kimberly, Darlene Jackson, soltera de treinta y tres años, fue procesada en el condado de Santa Rosa por el asesinato en primer grado de su única hija. Una vez que tanto el fiscal como la defensa terminaron su intervención y deliberaba el jurado, Darlene confesó ser culpable de un cargo menor, asesinato en tercer grado (sin intención de matar). El juez George Lowrey la condenó a siete años en una penitenciaría estatal por el cargo menor.

Darlene Jackson no es un monstruo, pero había perdido el contacto con la realidad. Tenía fe, por lo visto un exceso de ella, pero su fe ni estaba basada en el conocimiento de la Biblia ni mezclada con sabiduría.

El abogado defensor de Darlene la presentó como una madre soltera modelo, una ex maestra de la escuela dominical que organizaba programas de lectura para los jóvenes de las barriadas. No es ni ignorante ni sin educación. Es una profesora profesional de las escuelas públicas; tiene título de maestría de la Universidad de Carolina del Sur. La rectora de la escuela de Nueva York donde enseñó antes de mudarse a la Florida la describió como "incansable, y llena de paciencia e indulgencia".

Después de un corto romance se fue a vivir con un hombre mayor de apellido McZinc. Cuando Kimberly fue concebida, la pareja consideró el matrimonio pero decidieron no casarse. A la pequeña se le dio el apellido del padre.

Todo marchó bien hasta que Darlene se convirtió a lo que se describió en su juicio como "fundamentalismo carismático". Sin embargo, un examen cuidadoso de todos los hechos sugiere que las doctrinas que abrazó Darlene estaban muy lejos de las verdades fundamentales enseñadas en la Biblia.

Influida por otra de las feligreses de su iglesia para que buscara guía espiritual para sus esfuerzos de educar a su niña, Darlene comenzó una serie de largas conversaciones telefónicas con una evangelista de señales y maravillas en el noroeste de la Florida que había logrado ganar fama de profetisa: Mary Nicholson. Ella tiene las credenciales necesarias: habla en lenguas, interpreta sueños, recibe palabras sobrenaturales de conocimiento y sabiduría, ofrece a la gente mensajes de Dios y vende sus servicios proféticos. También abandonó los estudios de secundaria y trabajó por última vez como recepcionista de un hotel de segunda categoría.

La fe mal dirigida

Darlene recibió consejo de Mary sobre cómo disciplinar a su hija. No era de sorprender que uno de los mensajes que la profetisa recibió de Dios fue que Darlene debía enviarle dinero de inmediato. Al parecer, su fe en la profetisa creció en la medida que contribuía con regularidad. Como resultado final, esa fe incipiente fue lamentablemente mal dirigida.

Pronto, la dependencia de la profetisa se volvió una obsesión. Darlene decidió que debía estar más cerca de la fuente de sabiduría que estaba convencida venía de Dios. Empacó sus pertenencias y se llevó a Kimberly a vivir en el noroeste de la Florida. Compartían una casa de remolque con Mary, su esposo, y sus cuatro hijos.

Acosada por los problemas disciplinarios, Darlene comenzó a percibir a Kimberly como una "niña problemática". Pronto Mary afirmó tener un mensaje genuino de Dios que revelaba que la niña estaba poseída de demonios: varios espíritus malignos y un lobo vivían en ella.

Para exorcizar todas estas criaturas indeseadas, incluso el lobo, se requería infligir sin piedad un proceso de inanición y de maltrato físico sobre Kimberly. Como era de esperar, este ritual de exorcismo usaría los poderes sobrenaturales de Mary, la profetisa.

Fiel a su convicción de que Dios estaba hablándole por medio de su sierva, Darlene llevaba un diario de los mensajes que le comunicaba Mary. Parte de estos oráculos estaban escritos en el inglés elegante pero anticuado de una antigua versión de la Biblia. Para los meses de septiembre y octubre el diario muestra estos apuntes:

> *El demonio no comió el sábado . . . no le di de comer debido a su comportamiento. El domingo no tuvo nada de comer. El lunes y el martes, lo mismo . . . No muestres ninguna emoción . . . No lo dejes tocar los juguetes de los otros niños porque procura destruir y matar . . . Sólo dale de comer lo que yo diga, ni una borona más . . . Deja las cosas en las manos de tu sierva Mary.*

Darlene, ya había abandonado la realidad.

Bajo investigación

Tina, la hija de veintidós años de Mary, entró en pánico cuando se establecieron estas líneas de batalla. Informó que maltrataban a la niña. Un supervisor, Wayne Barnes, hizo una investigación al día siguiente pero informó no haber encontrado causa alguna para iniciar proceso. No mucho tiempo después, en noviembre, el diario de Darlene registra estos mensajes que ella creía que venían de Dios. Fueron dados, como siempre, por medio de la profetisa:

> *No le des de comer, pues no tengo más compasión para esta . . . Es como un animal enloquecido. ¿Por qué dudas de mí? Sabe que soy el Señor tu Dios. Obedece, obedece, digo . . . Aporréala . . . Muéstrale la planta de tus pie . . . Pégale en la boca . . . No escatimes la vara para corregirla . . . Habla menos y da más fuerte, con severidad.*

Si algún espíritu en realidad se comunicó por medio de Mary, no fue el Espíritu que nos habla desde las páginas de la Biblia. Para ya cualquiera que esté familiarizado con las Escrituras habrá reconocido esto.

En diciembre Tina trató de nuevo de parar las cosas espeluznantes que pasaban en la casa móvil llena de gente. Después de llamar para informar sobre maltrato infantil por segunda vez, un funcionario de mucha experiencia fue a comprobar su queja pero cerró el caso por no encontrar bases. A finales de enero Darlene escribió en su diario la última revelación de Dios a la profetisa: "El tiempo se acorta respecto a tu semilla. . . Su estado de debilidad demuestra que mi camino es el único camino. . . Sin importar lo flaca o débil que se ponga, yo la sostendré."

Quienquiera o cualquier cosa que hizo esa promesa muy pronto falló. La niña no fue "sostenida". En cambio, fue apurada hacia su cruel final. Menos de un mes después, una Darlene asustada llamó a Mary a medianoche, informando que Kimberly no se despertaba. Las dos mujeres trataron de darle leche tibia, pero no respondió. Con una palabra final de aliento y una exhortación a mantenerse inconmovible en su fe, la profetisa regresó a su alcoba. Darlene se durmió con su hija inconsciente arrullada en sus brazos. Cuando despertó a la mañana siguiente, Kimberly no respiraba. Llamó una ambulancia y la llevó rápido al hospital. Kimberly estaba muerta al llegar. El informe del médico que la examinó, admitido más tarde como evidencia en el juicio por asesinato, dice: "Hemorragias severas cubrían casi toda la espalda e incluían los tejidos profundos bajo la piel, teniendo la apariencia de duros y repetidos golpes en la espalda, el pecho y las nalgas."

Procesada por homicidio

En el juicio de Darlene su abogado sostuvo que su cliente había estado en "un trance hipnótico religioso" bajo el dominio de Mary Nicholson. Basada en esto Darlene se declaró inocente. Sin embargo, para cuando el caso pasó al jurado, era obvio que las probabilidades de que la declararan inocente eran muy pocas. Es probable que su declaración de última hora de ser culpable de un cargo menor la salvara de ser condenada por asesinato en primer grado.

Desde su celda en la cárcel, ya liberada de su dependencia obsesiva de la profetisa y abrumada por la tristeza y la culpa, Darlene se reconoce como covíctima de la no tan sutil fe presuntuosa que le robó la vida a su hija. Jura gastar el resto de su vida "denunciando a gente como Mary Nicholson".

Tristemente, para Kimberly, esa determinación llega demasiado tarde.

Es muy probable que Mary abandone su papel de profetisa fraudulenta. El 20 de febrero de 1990, un jurado del condado de Santa Rosa la declaró culpable de asesinato en primer grado y recomendó el castigo de condena perpetua.

Fuentes de información fraudulentas

El mismo Isaías, un profeta de verdad, utilizó un lenguaje descriptivo e intrigante cuando previno a Israel en contra de las fuentes fraudulentas de información sobre Dios. "Y si os dijeren: Preguntad a los encantadores y a los adivinos, que susurran hablando, responded: ¿No consultará el pueblo a su Dios? ¿Consultará a los muertos por los vivos?" (Isaías 8:19).

Hoy día, las variaciones sobre el tema de magos, brujas y médiums son bien conocidas. El mercado de los servicios proféticos es amplio y lucrativo. Observe la facilidad con que se aceptan las predicciones de Jeanne Dixon y otros autoproclamados adivinos. Los antiguos arúspices romanos predecían el futuro examinando las entrañas de los animales sacrificados. Hoy es más probable que usen hojas de té, naipes de tarot, tablas de escritura espiritista "Ouija" y bolas de cristal. Algunos adivinos dependen de los mensajes privados que alegan recibir directamente de Dios. Con frecuencia los profetas y profetisas apoyan sus predicciones en versículos cuidadosamente seleccionados de la Biblia, por lo general citados, lamentablemente, fuera de contexto. Cualesquiera que sean sus atavíos, los profetas modernos pregonan su habilidad de saber lo desconocido y pasarle a la gente común los propios pensamientos de Dios. Algunos logran amasar fortunas personales considerables, gracias a la credulidad de gente como Darlene a quien persuaden a lanzarse a la fe presuntuosa.

Un examen cuidadoso de la historia y las creencias de las sectas norteamericanas muestra que la mayoría están ligadas por un denominador común: un líder estereotípico, alguien que se apropió la capa de profeta y recibió una revelación supuestamente especial de un poder de lo alto.

La única credencial ofrecida es la pretensión sin base de una conversación personal con Dios.

Los profetas autoproclamados

Es probable que existan esos escépticos que hacen gestos de disgusto y sacuden la cabeza en incredulidad. Consideran la profecía como otra pretensión de la franja lunática, pero hay otros que creen. Nuestra sociedad tiene un interminable surtido de personas tan ansiosas de ejercer su fe presuntuosa que creerán casi cualquier cosa.

Algunos supuestos profetas y profetisas pueden ingenuamente creerse poseedores legítimos de dones sobrenaturales. Tal vez no debamos condenarlos, dada la propensión humana de querer tener poder sobre lo invisible.

Claro, algunos que se atribuyen el oficio profético pueden ser víctimas de una inestabilidad mental, obsesionados de manera psicótica con la idea de que son representantes especiales de Dios en la tierra. Aun podría ser un desequilibrio químico. Se les puede perdonar, aunque la tragedia puede estar esperando a quienes caen en su poder.

Son quienes traman los que parecen ser particularmente culpables. Son los charlatanes que han aprendido que miles de personas frustradas e ignorantes de la Biblia están ansiosas de penetrar en lo desconocido y compartir los poderes sobrenaturales allí descubiertos. La presunción es un bien barato y disponible en abundancia. Los charlatanes caen sobre las víctimas espiritualmente ingenuas e ignorantes de las Escrituras, que andan a tientas en busca de canales hacia el mundo de los espíritus.

Cuando Isaías escribió de estos falsos profetas, usó la palabra hebrea que significa literalmente "los que saben". Cualquiera que sea el nombre con el que los identifiquemos, los supuestos profetas se consideran a sí mismos la élite espiritual. Han descubierto información escondida por largo tiempo que a otros les encantaría tener. Convencen a quienes se les adhieren que ellos saben. Sostienen que sus contactos al otro lado de la realidad les dicen qué es lo que está pasando en el mundo invisible. Después de todo, ¿quién puede probar que están equivocados?

Advertencias del Antiguo Testamento

Para aprender sobre las consecuencias de la fe presuntuosa, pregúntele a quienes en varias ocasiones de la historia norteamericana vendieron sus bienes mundanos y vistieron capas blancas para estar listos para la venida de Cristo. Escapándose a colinas cercanas, esperaron en vano en fechas específicas clandestinamente reveladas por sus profetas. Sostuvieron sus inútiles vigilias a pesar del hecho

de que Jesús nos dice que sólo el Padre sabe cuando será ese acontecimiento trascendental (véase Marcos 13:32).

Pregunte a los seguidores sobrevivientes de Jim Jones y a otros de
movimientos sectarios que se empobrecieron para dar a la causa de
su profeta, sólo para encontrarlo usando esas ofrendas para beneficio
personal. Estas son personas que aprenden por las malas sobre la fe
presuntuosa.

"El profeta llorón", Jeremías, escribió: "Cosa espantosa y fea es
hecha en la tierra; los profetas profetizaron mentira, y los sacerdotes
dirigían por manos de ellos; y mi pueblo así lo quiso. ¿Qué, pues,
haréis cuando llegue el fin?" (Jeremías 5:30-31). La conclusión es
que la gente puede preferir la mentira antes que la verdad. No es de
sorprenderse que sean víctimas con tanta frecuencia de quienes
pretenden tener revelación especial. Sin embargo, durante varios
milenios hemos tenido la advertencia de Dios:

> *Me dijo entonces Jehová: Falsamente profetizan los profetas en*
> *mi nombre; no los envié, ni les mandé, ni les hablé; visión menti-*
> *rosa, adivinación, vanidad y engaño de su corazón os profetizan.*

> Jeremías 14:14

Isaías llamó a las víctimas "rebelde[s], hijos mentirosos, hijos que
no quisieron oír la ley de Jehová". Invitaron abiertamente a los
videntes a decirles mentiras acerca de Dios: "No veáis. . . No nos
profeticéis lo recto, decidnos cosas halagüeñas, profetizad mentiras"
(Isaías 30:9-10).

Jeremías volvió su atención a los mismos falsos profetas:

> *Por tanto, he aquí que yo estoy contra los profetas, dice Jehová,*
> *que hurtan mis palabras cada uno de su más cercano. Dice Jehová:*
> *he aquí que yo estoy contra los profetas que endulzan sus lenguas y*
> *dicen: Él ha dicho. He aquí, dice Jehová, yo estoy contra los que*
> *profetizan sueños mentirosos, y los cuentan, y hacen errar a mi*
> *pueblo con sus mentiras y con sus lisonjas, y yo no los envié ni les*
> *mandé; y ningún provecho hicieron a ese pueblo, dice Jehová.*

> Jeremías 23:30-32

A los adivinos modernos todavía les resulta fácil "endulzar sus
lenguas" y decir: "Él ha dicho." Sus profecías no benefician a nadie. En
realidad, con frecuencia hacen males irreparables, como lo hizo Mary

con Kimberly McZinc. Sin embargo, siempre pueden encontrar seguidores entre aquellos ansiosos de encontrar un canal hacia lo desconocido.

Jesús también advierte

Las advertencias no están limitadas al Antiguo Testamento. Jesús también nos amonestó contra las pretensiones de quienes piensan que hablan a nombre de Dios: "Guardaos de los falsos profetas, que vienen a vosotros con vestidos de ovejas, pero por dentro son lobos rapaces" (Mateo 7:15).

En la isla de Chipre, Pablo encontró un brujo de nombre Elimas quien sostenía que hablaba a nombre de la deidad. Era un servidor del procónsul, Sergio Paulo, un hombre inteligente que quería oír el mensaje de Pablo. El brujo trató de refutar el mensaje del apóstol. "Entonces Saulo, que también es Pablo, lleno del Espíritu Santo, fijando en él los ojos, dijo: ¡Oh, lleno de todo engaño y de toda maldad, hijo del diablo, enemigo de toda justicia! ¿No cesarás de trastornar los caminos rectos del Señor?" (Hechos 13:9-10). Qué tragedia que Darlene Jackson no estuviera lo suficientemente familiarizada con "los caminos rectos del Señor" para pronunciar ese discurso a la falsa profetisa que la llevó a matar a su hija.

Desafortunadamente, no podemos contar con que los creyentes tengan el conocimiento, el valor y la perspicacia de Pablo cuando falsos profetas proclaman sus doctrinas igualmente falsas. La extensión de su fe presuntuosa es amplio y mortal:

> *Pero hubo también falsos profetas entre el pueblo, como habrá entre vosotros falsos maestros, que introducirán encubiertamente herejías destructoras, y aun negarán al Señor que los rescató, atrayendo sobre sí mismos destrucción repentina. Y muchos seguirán sus disoluciones, por causa de los cuales el camino de la verdad será blasfemado, y por avaricia harán mercadería de vosotros con palabras fingidas.*

2 Pedro 2:1-3

Por eso Juan nos exhorta: "Probad los espíritus si son de Dios" (1 Juan 4:1). Probar los espíritus es una buena manera de evitar el peligro siempre amenazante de la fe presuntuosa.

7
EL PASEO EN LA MONTAÑA RUSA

Hay una finalidad en el hecho de querer compartir los detalles espeluznantes de mi viaje personal en la montaña rusa, con sus altos y bajos, una finalidad que merece tener prioridad sobre el ponerme de mal humor en una esquina, avergonzado y teniéndome lástima.

Me di cuenta de esa finalidad cuando me confronté con una pregunta penetrante que tenía miedo de contestar. Me encontraba llenando un formulario legal antes de una declaración en un juicio, como parte de un procedimiento que me atrapó durante mi caída cuesta abajo. La pregunta era esta: "¿En alguna oportunidad ha sido usted admitido o internado en un hospital psiquiátrico?" Se esperaba que yo diera el nombre del lugar, la razón, y las fechas de ingreso y de salida.

¿Cómo podría contestar eso? Los abogados de la oposición me aniquilarían durante el juicio, siendo exhibido como un enfermo mental con una historia de ataques y de hospitalizaciones. Con lágrimas, le confesé mi fracaso a mi abogado.

— Tenía miedo de decírselo — dije acongojado —, pero no puedo ocultarlo más. Soy un maniacodepresivo. Tengo una enfermedad mental y creo que eso acaba con mi credibilidad.

Mi abogado no se inmutó.

— Tal vez no se da cuenta, Stan, de que la depresión maniaca es un desequilibrio químico y físico — me dijo para tranquilizarme —.

No es diferente de la diabetes o cualquier otra disfunción tratable con medicinas. Los otros abogados lo saben y su respuesta no va a ayudar el caso de ellos o dañar el nuestro. Mire, usted no tiene una enfermedad mental, ¿bien?

Estoy seguro de que él no sabía con cuánta desesperación yo necesitaba esa respuesta. Ahora sé que no estoy sólo. Esa es la razón por la cual estoy relatando esta historia de tristeza. Miles de personas que sufren de diferentes formas de depresión ansían un alivio similar. Esa puerta de vergüenza personal, guardada con tanto cuidado, excluye el mundo verdadero y destruye las relaciones vitales que hacen que valga la pena vivir.

Llegan más cartas

Eso tiene que ser lo que quiere decir el profeta cuando declara: "Mi pueblo fue destruido, porque le faltó conocimiento" (Oseas 4:6). Por no saber los hechos de mi disfunción o comprender sus implicaciones, pasé muchos años destructores temiendo al rechazo. Pensé que el hacerme cristiano y tener a Dios de mi lado lo cambiaría todo, pero en vez de mejorar las cosas, en cierto sentido las empeoró. Alguien me convenció de que mi fe tiene que ser afirmada pidiendo liberación de la depresión maniaca. Nunca se me ocurrió como creyente nuevo que Dios podría estar usando mi enfermedad física por razones que sólo Él conoce. Tal vez lo que se propone hacer en y a través de mí se logra mejor mediante esta molesta señal de mi debilidad humana. Si puedo servir mejor a Dios como un maniaco-depresivo controlado, ¿por qué debo esperar una exención de esa disciplina personal?

Una dama que trabajaba como contratista para la NASA vio mi historia en la revista *Voz* y me escribió para decirme que su segundo matrimonio se encontraba "deslizándose cuesta abajo". Ella sabía que sus oscilaciones de estado de ánimo sin control estaban dañando la relación y el bienestar de sus dos hijos, pero "tenía miedo de buscar ayuda por temor a ser hospitalizada y perder mi trabajo". El estigma de la enfermedad mental proyecta su sombra sobre todavía otra vida. Le escribí a la dama de la NASA, pero con todo mi corazón espero que lea este libro.

De Rita: rescatada de un día doloroso

En Charlotte, Carolina del Norte, Rita leyó el artículo de la revista

Voz y se sintió obligada a contarme la forma como mi testimonio cambió su vida:

> *Hoy fui a ver a un psiquiatra (antes de leer el artículo), después de mucha agitación, para tratar de determinar si el Señor me ayudaría o no en el proceso de volver a tomar las medicinas. Pasé por casi exactamente la misma lucha sobre la cual escribió usted con relación a la confusión, el orgullo, los consejos en conflicto, el no querer el estigma, etcétera.*
>
> *Fue un día muy doloroso; nada sucedió como lo esperaba. Me sentía desolada y confusa. Cuando llegué a casa, mi esposo me había dejado una nota con su artículo y decía sencillamente: "¡Lee esto!" Leí su artículo y me sentí fascinada a medida que leía sobre nuestros antecedentes similares y sobre lo que usted había tenido que pasar.*
>
> *Muchas gracias por ser vulnerable y relatar su historia. No hay respuestas sencillas a la compleja condición humana en la cual nos encontramos. Sin embargo hoy, por medio de usted, el Señor me mostró que Él todavía está conmigo en medio de todo.*

De Susana: ¿Nos ha abandonado Dios?

Susana escribió de Fort Lauderdale, Florida, en busca de ayuda sobre una situación que describía como desesperada. Su esposo, con quien llevaba diez años de matrimonio, la maltrataba, tornándose violento, como lo dice ella, "por cosas nimias". Su comportamiento se había vuelto más y más grotesco. Había devastado el interior de su hogar durante ataques de ira, aterrorizado a sus dos hijos y le había pegado a Susana más de una vez.

Al final, la esposa desesperada fue a un juzgado y logró que internaran a su esposo para que le hicieran una evaluación psiquiátrica. Después de tres semanas en el hospital, fue dado de alta con fuertes dosis de medicinas, pero los efectos secundarios eran difíciles de tolerar. Se mantenía de mal humor, no tenía energía, no podía dormir y a menudo padecía de náuseas. El esposo de Susana soportó esos efectos secundarios de su litio (puedo dar testimonio de que la medicina no produce tales reacciones para la mayoría de la gente a quien se le receta) durante cuatro años y por último rehusó tomar más píldoras. Cuando suspendió la dosis, las cosas mejoraron notablemente por algún tiempo y ambos se sintieron muy animados. Por cerca de un

año sin medicinas le fue bien. Luego regresaron los primeros síntomas y la vida para toda la familia se empeoró rápidamente. Susana
escribió que sus episodios maniacos se volvían cada vez peor. Su
esposo dijo que prefería morir que volver a tomar la medicina.

Puedo apreciar muy bien su situación. Cuántas veces durante mi
propia experiencia me he quejado: "Prefiero morir que hacer eso." Pero
al esposo de Susana se le olvidó que morir no era una alternativa
legítima. La alternativa si no volvía a su medicina no era la muerte. Era
sufrir esas oscilaciones de estado de ánimo las cuales, a su vez, cobraban
un precio muy alto de su esposa y de su familia. El no tomar su medicina
puede haberle parecido una alternativa razonable, pero para quienes lo
querían era un boleto de regreso a la ciudad de las pesadillas. Extraña-
mente, Susana vio su situación como la consecuencia de la negligencia
de Dios. Me escribió: "Cuando se enfermó antes, ninguno de los dos le
servíamos al Señor. Ahora ambos lo hacemos y no puedo creer que Él
permitiera que esto pasara de nuevo."

Me parece que Susana necesita entender que la omnipotencia es
sólo uno de los atributos de Dios. La sabiduría y la compasión son
otros dos. Las circunstancias de la vida de Susana están fuera de su
control. El único consejo digno de una fe anclada en la Biblia es
sencillamente: "Haz tu parte, luego confía y obedece." ¿Debe Susana
culpar a Dios? Tal vez Pablo el apóstol puede ofrecer la respuesta:

> *Más antes, oh hombre, ¿quien eres tú, para que alterques con
> Dios? ¿Dirá el vaso de barro al que lo formó: ¿Por qué me has
> hecho así? ¿O no tiene potestad el alfarero sobre el barro, para hacer
> de la misma masa un vaso para honra y otro para deshonra?*

Romanos 9:20-21

Ciertamente Dios es todopoderoso y lo sabe todo, lo que quiere
decir que como el alfarero Él puede hacer lo que quiera. Sin embargo,
eso no siempre es lo que la masa de barro quiere que haga. No hay
duda que Él es bien capaz de intervenir por cualquiera de sus hijos
que esté enfermo o herido. Puede sanarnos en un instante; Jesús lo
hizo con frecuencia. También puede evitar que sus hijos se enfermen
o sufran heridas, y me atrevo a creer que lo hace con más frecuencia
de lo que nos damos cuenta. Así que claramente Dios podría sanar al
esposo de Sue o podía haber hecho que nunca se enfermara en primer
lugar. Pero nuestro Padre celestial también es sabio, bueno y amante,

y eso quiere decir que siempre podemos confiar en que Él tome la decisión acertada a favor de nuestros mejores intereses y siempre con los valores y prioridades de la eternidad en mente. No podemos olvidar su plan perfecto para cada uno de nosotros; un plan que garantiza una conclusión mejor que cualquier cosa que podamos idear.

Rara vez aceptamos la adversidad, pero en el diseño divino, la adversidad puede ser una parte necesaria del proceso. Él sabe lo que nos traerá el mañana — y el mes entrante y el año entrante — y nosotros no. Él conoce todas las alternativas que se esconden de nuestra mirada. Lo que nos parece ser lo mejor ahora, con frecuencia sería desastroso a la larga y vice versa. Nunca comprenderemos del todo en esta vida la gran bendición que es para los creyentes el hecho de que Dios esté en control de todos los aspectos de nuestro destino. Oro porque Sue llegue a comprender esa verdad maravillosa de manera más clara en la medida que ella y su esposo se entregan al amoroso cuidado de un Padre infinitamente sabio y omnipotente.

De Ed: Todo comenzó con la hierba

Ed, un creyente sincero, escribió desde Stayton, Oregón, para decirme cómo un corto romance en la universidad con la mariguana puede haber provocado sus síntomas de depresión maniaca que casi destruyen su vida. Con un índice académico durante el primer semestre de 4.0 (máxima nota obtenible) había entrado con buen pie a prometía ser una gran carrera universitaria, hasta su descubrimiento de la mariguana. "Comencé a hacer cosas extrañas", escribió, como robar cuadros del departamento de arte de universidad y tratar de venderlos en el centro estudiantil. Terminó en una sala psiquiátrica.

Apenado por el hecho de estar tomando medicinas para una enfermedad mental, Ed luchó durante años mientras pasaba por ciclos de mejorar, descuidar su medicina y luego recaer, volver a tomar su medicina, mejorarse y de nuevo pasar por el mismo ciclo. Mientras tanto, se casó y tuvo una familia. "Por último, mientras me encontraba internado en una institución, me entregaron los papeles de divorcio, lo cual me destrozó", escribió.

En un esfuerzo por enderezar su vida otra vez, Ed se propuso leer la Biblia desde el principio hasta el fin. En el proceso decidió que la medicina recetada era la forma que Dios le proveería la sanidad, así que volvió a tomarse su dosis regular, sólo que esta vez fue de manera permanente.

No todos los casos pasan tan rápido de la derrota a la victoria, pero el cierre de la carta de Ed me ofreció motivo especial para regocijarme. Él y su esposa se volvieron a casar y ahora llevan una vida estable y feliz. Obtuvo un título universitario en servicios humanos y recientemente aprobó el examen de Oregón para sacar la licencia como vendedor de seguros. Terminó su carta con estas palabras:

> *Estoy bien y hago cosas que antes me aplastaban. No he tenido problemas después de ser obediente al Señor. En realidad no me importa el tener que tomar la medicina. Tengo una debilidad, pero "en mi debilidad soy fortalecido".*

Este relato tiene un verdadero final de "vivieron felices para siempre".

De Farbie: Aprendizaje mediante el dolor

De Fayetteville, Georgia, Farbie escribió que su madre había sufrido ataques graves de ansiedad cuando Farbie era adolescente. La tensión le causó serios problemas emocionales, así que, para alejarse de las circunstancias, se casó y dejó el hogar. Cuando el matrimonio terminó en divorcio, regresó a la triste sombra de la depresión de su mamá. Durante diez años, aun bajo tratamiento médico, la enfermedad de su madre era "un infierno para toda la familia". Fue entonces cuando leyó el artículo en la revista *Voz* y me escribió:

> *He orado continuamente por la sanidad de mi madre sin respuesta aparente. Pero ahora, después de leer su historia, estoy viendo las cosas de manera diferente. Como respuesta a mis oraciones, Dios me ha mostrado más de sí mismo y de su obra.*
>
> *Aprendemos mediante el fracaso y el dolor las cosas que no se pueden aprender de ninguna otra manera. He aprendido que los problemas pueden ser ministros de Dios para enseñarnos, para humillarnos, y para hacer que le prestemos toda nuestra atención.*
>
> *Siempre sentía que mamá podría dejar las medicinas si sólo tuviera la fe suficiente. Sentía que la enfermedad de mamá era la consecuencia de no llevar una vida cristiana adecuada, que en realidad ella tenía la culpa. Ahora sé que Dios es soberano y está usando esto en su vida para desarrollar el carácter que desea para ella, para su bien y el de los demás, para su gloria. Mamá será sanada, si no en esta vida, entonces en la otra. Tal vez no cuando lo quiera yo, pero sucederá.*

De Libby: Reconocimiento del orgullo

Libby escribió desde Stuart, Florida, y señaló con precisión el orgullo como la causa de la lucha que perdía con las oscilaciones de su estado de ánimo. Era enfermera, y hacía poco la habían despedido después de "una situación que duró siete meses, de unas tensiones extremas que me llevaron a mí, a mi familia y a mi jefe a ese punto de crisis. Era tan terca que negaba los hechos que me mostraba todo el mundo." Ella quería que supiera que el artículo de la revista *Voz* "es probable que evitara que destruyera mi propia vida y la de mi familia". Su carta lo explica con más detalle:

> *Como bautista intelectual y carismática que ha conocido al Señor por mucho tiempo y que creía que lo sabía todo, tenía un verdadero problema con el orgullo. Oré para adquirir sabiduría y conforme Dios me mostraba las respuestas, en mi ignorancia rechazaba los hechos por orgullo. Sentí, aun como profesional en medicina, que tomar litio sería tan ¡humillante! Había reclamado la sanidad de todas mis enfermedades en 1987; dejé de tomar todas mis medicinas para el desequilibrio de la tiroides, la migraña y el exceso de peso.*

La comprensión de la profundidad de la necesidad humana

Otras muchas cartas informaron sobre el nuevo entendimiento y estímulo obtenido del artículo de la revista *Voz*. Personas de toda condición escribieron para informar sobre las nuevas lecciones aprendidas respecto a la soberanía de Dios y nuestra aceptación de las circunstancias que Él ordena. También recibí varias cartas de muchachas solteras que sugerían que nos conociéramos mejor. Muchas de las cartas del exterior fueron de personas que querían que les enviara dinero o literatura cristiana o que les ayudara a conseguir la visa para venir a los Estados Unidos. Un hermano de Nigeria iniciaba una organización evangélica y quería que yo fuera el presidente internacional, siempre y cuando incluyera una contribución considerable junto con mi carta de aceptación. Un porcentaje significativo de cartas llegó de reclusos en las cárceles. Algunos querían que intercediera por ellos y les ayudara a salir libres.

En su mayor parte, estas cartas me enseñaron la gran diversidad de la disposición humana, así como la profundidad de las necesidades del ser humano. Me dieron una percepción más clara de la asombrosa majestad y gracia de Dios. Me siento complacido de haber sido capaz de poder ayudar a que algunos de mis compañeros peregrinos entendieran que Dios no permanecerá dentro de la camisa de fuerza teológica de nadie, sin importar con cuánto cuidado se estructure el sistema. Él no nos debe nada. Somos nosotros quienes estamos en deuda con Él por la eternidad. Él es el Señor también de las medicinas y de las habilidades médicas que vienen como don suyo. Dios sana siempre y cuando le complazca, pero de acuerdo con su propia voluntad y en su tiempo y forma. Sus métodos de sanar también incluyen cuidado médico adecuado. Aun en circunstancias que consideramos hostiles, el Dios que guía y provee para los suyos es todavía amante y benévolo y siempre justo. En su tiempo, se enderezará todo lo que parece tan equivocado según nuestras normas egoístas, de manera que nunca se vuelva a cuestionar.

Mientras tanto, es claro que nuestra obligación es hacer lo que podemos para ayudarnos mutuamente.

La ayuda está cerca

"Sólo usted lo puede hacer, pero no puede hacerlo solo", nos recuerda el viejo refrán. En la batalla para recobrar el control cuando algo se está saliendo de los límites, en esas pocas palabras se encierra la esencia de la ayuda propia.

Las personas que sufren de alguna adicción, desórdenes del estado de ánimo, limitaciones físicas, ataques, o algún síndrome de disfunción similar, sin duda saben mejor la virtud de la filosofía de "usted no puede hacerlo solo, pero sólo usted lo puede hacer". Saben por experiencia que la ayuda en realidad está cerca. Quienes piden esa ayuda, sin embargo, descubren que con frecuencia llega con un alto precio. Aprenden que tienen que aceptar la realidad, no importa con cuánto dolor, y en humildad tienen que utilizar los recursos que se ponen a su disposición. Poco detrás de los afligidos mismos están los cónyuges, los padres, los hijos u otros que están obligados a vivir con familiares que luchan contra lo que con frecuencia parecen ser murallas infranqueables. Las víctimas y sus codependientes pueden estar agradecidos por igual porque esta nube de tristeza tiene un resquicio de esperanza. Bien sea desde la perspectiva del paciente y de quien lo cuida, quienes están en contacto diario con estas aflicciones se encuentran calificados de manera única para animarse mutuamente con eficiencia.

Grupos de apoyo

Los participantes en los grupos de autoayuda son, por lo general, generosos al expresar entusiasmo sobre los beneficios que reciben. Uno de ellos comenta:

> *El beneficio principal puede ser el sencillo descubrimiento de que no estoy solo, de que otras personas tienen problemas similares. Cuando alguien enfrenta una crisis — y supongo que todos somos vulnerables a eso —, puede aprender de los demás. De esa manera todos nos ayudamos los unos a los otros hasta que nos toca a nosotros recibir ayuda.*

Los participantes en los grupos se unen en el descubrimiento de una paradoja que los anima. La debilidad humana que provee la necesidad para la ayuda en primer lugar también es una fuente de fortaleza y estímulo. Las lecciones humillantes aprendidas tanto por las víctimas como por quienes las cuidan, mediante la constante tensión de sus circunstancias, las capacitan para apoyar y fortalecerse el uno al otro. No se atreven a esperar que este apoyo reemplace la terapia médica o psicológica, pero les resulta ser un auxiliar de importancia vital en el proceso de sanidad. Los grupos de autoayuda no pretenden ofrecer alternativas a las terapias bioquímicas o psicológicas, pero pueden, sin duda, agregar una dimensión vital al proceso de enfrentar la disfunción y de recuperarse.

Al encontrar unión en los mismos dolores que los unen, los participantes en los grupos de apoyo son capaces de recoger información y de recibir asistencia que tiene que ver muy de cerca con sus aspectos especiales de necesidad. Los puntos que tienen en común les dan aceptación con sus compañeros y — en el ámbito político de los Estados Unidos — les enseñan a unir fuerzas con los demás para luchar por una mejor investigación, más legislación de apoyo donde se necesita, o tal vez una interpretación más comprensiva de las leyes existentes. En un número que aumenta cada vez más, los grupos de apoyo combaten las amenazas de la ignorancia, el estigma y el prejuicio mediante campañas educativas que están destinadas a mejorar la comprensión del público respecto a los desórdenes psiquiátricos serios.

Organizaciones de apoyo a nivel nacional

Para beneficio de los lectores que residen en los Estados Unidos, incluimos esta información sobre organizaciones a nivel nacional que atienden las necesidades de los afectados por alguna forma de angustia mental. Hoy día, hay por lo menos cuatro de esas organizaciones. El más antiguo de estos grupos seculares es *Recovery, Inc.* (Recuperación, S.A.), fundado en 1939 por el psiquiatra de Chicago, el doctor Abraham Low. En un principio sirvió sólo a los pacientes psiquiátricos que habían estado hospitalizados anteriormente. Sin embargo, hoy día más de mil capítulos de *Recovery, Inc.* alrededor del mundo que sirven a quienquiera necesite ayuda con problemas emocionales. Los anteriores pacientes mentales dirigen reuniones semanales para cada capítulo, explicando métodos de control del mal genio, técnicas de modificación del comportamiento, y el remodelar las habilidades cognoscitivas. No se consideran el diagnóstico, los medicamentos y el tratamiento en las reuniones de *Recovery, Inc.*, lo cual hace a esta organización única en ese sentido. A los psiquiatras que dan los tratamientos se les insta a participar, como contribuyentes y como aprendices.

The National Alliance for the Mentally Ill (La Alianza Nacional para los Enfermos Mentales; NAMI por sus siglas en inglés). Se fundó esta alianza en 1979, pero ya cuenta con más de setecientos afiliados. La organización se ha vuelto muy poderosa dentro de los pasillos legislativos de Washington, y es influyente dentro de los gobiernos estatales también. Cuando se llevan a cabo las audiencias del congreso sobre el tema de la salud mental, por lo general se les cita a representantes de NAMI para que testifiquen. Sus afiliados consisten en su mayoría en parientes de pacientes esquizofrénicos, pero sus programas llegan también a los afligidos con diferentes formas de depresión.

NAMI ejerce también una influencia significativa al combatir el estigma de los pacientes mentales e informar al público sobre las necesidades de las personas con limitaciones mentales. En un anuncio de televisión patrocinado por la organización, el actor Kirk Douglas mira directo a la cámara y confiesa:

Este asunto me ha estado molestando. ¿Por qué es que la mayoría de nosotros podemos hablar abiertamente sobre las enfermedades de nuestro cuerpo, pero cuando se trata de nuestro cerebro y enfermedades de la mente nos callamos? Porque nos callamos, las personas con desórdenes emocionales se sienten apenadas, estigmatizadas, y no buscan la ayuda que las puede cambiar. Comencemos ahora. Hablemos abiertamente sobre las enfermedades mentales. Ayúdennos a cambiar esas actitudes.

NAMI también realiza una campaña de "observación de los medios" destinada a identificar las influencias que contribuyen al estigma asociado con los problemas mentales. Cuando alguien que escribe en los medios de comunicación impresos o actúa para la radio o la televisión describe la enfermedad mental de manera incorrecta, o hace comentarios considerados insensibles, ofensivos o desinformados, es probable que reciba una carta de NAMI. Por lo general, una carta redactada con diplomacia es lo único que se necesita para informar al personal de los medios de comunicación con respecto al error de su modo de obrar.

The National Depressive and Manic-Depressive Association (La Asociación Nacional para los Depresivos y los Maniacodepresivos; NDMDA por sus siglas en inglés). Esta es una organización de personas a quienes se les ha diagnosticado estar sufriendo de manía, depresión o ambas, más los miembros de la familia que de manera inevitable son afectados por su condición. Sus ochenta capítulos en ciudades en todo el país patrocinan reuniones mensuales que tienen conferencias por expertos reconocidos en este campo. También patrocinan diálogos en grupo en los que las personas afectadas pueden hablar sobre sus experiencias y preocupaciones y ofrecer información sobre soluciones que han descubierto. La NDMDA ofrece montones de materiales informativos a quien lo solicite.

Depressives Anonymous (Depresivos Anónimos). El más reciente de los grupos de autoayuda que se ha agregado a lista se llama *Depressives Anonymous: Recovery from Depression* (Depresivos Anónimos: Recuperación de la Depresión). La doctora Helen DeRosis desarrolló el método de autoayuda que utiliza esta organización. Se insta a los participantes a ser específicos en los aspectos problemáticos. Luego se puede dividir éstos en unidades de tamaño razonable y superarlos mediante el método de los cuatro pasos de DeRosis.

El crecimiento de los grupos de autoayuda que sirven a un número cada vez mayor de desórdenes confirma el hecho de que puede generarse una enorme fuerza reparadora cuando los afectados y

144 ¿Podemos limitar a Dios?

quienes los cuidan exploran formas de ayudarse mutuamente. Este tipo de apoyo, a propósito, no está limitado a quienes sufren de problemas mentales. El mismo crecimiento es evidente en otros aspectos de disfunción.

Los programas anónimos. Probablemente la más antigua y mejor conocida de las organizaciones de autoayuda — y el modelo para muchas de las que se han desarrollado después — es Alcohólicos Anónimos. Más recientemente, Comilones Anónimos y Narcómanos Anónimos han comenzado a ofrecer soluciones similares para quienes se encuentran atrapados en otras clases prominentes de adicción. Hay organizaciones "anónimas" aun para quienes sufren de gula. Además hay grupos de apoyo como *Alanon,* compuesto de los que cuidan a los adictos, que con frecuencia son las primeras víctimas de éstos. Todas estas personas con problemas comunes relatan experiencias de aprendizaje, habilidades recién descubiertas para enfrentar la disfunción, información práctica y diferentes formas de terapia y de estilos de vida. Estos grupos crean un espíritu comunitario entre iguales, lo cual ofrece una oportunidad para hablar abiertamente sobre las experiencias, los sentimientos, las esperanzas, las desilusiones, los temores y aun los fracasos dentro de un clima de aceptación donde los participantes pueden estar seguros de una total comprensión y confidencialidad.

Este tipo de apoyo afectivo, junto con la compasión y aceptación que las víctimas mismas pueden mejor dar y recibir, rara vez está disponible en ningún otro escenario fuera de dichos grupos. Al trabajar juntos para explorar fuentes existentes de estímulo y ayuda para promover la comprensión del público respecto a su situación y para abogar por mejores servicios e investigación, tanto las víctimas como quienes las cuidan están descubriendo fuerza en la unidad y las preocupaciones comunes.

Generando empatía

¿Cuál es el propósito principal de este esfuerzo de ayuda mutua? Sencillamente la profunda empatía comunicada entre las personas que comparten la carga de soportar una limitación específica. Saben comprender porque han sufrido las mismas limitaciones. Las teorías quedan por fuera; la dura realidad queda dentro. Esa empatía se genera sea que el factor de unión es el síndrome disfuncional mismo o la necesidad de vivir con alguien que está afligido.

Cuando el doctor C. Everett Koop era ministro de Salud Pública de los Estados Unidos, comentó en un taller nacional sobre este tema específico de "la autoayuda y la salud pública": "Creo en la autoayuda como una manera eficaz de tratar con los problemas de tensión, estrés, dificultad y dolor. . . Sanar a las personas — curarlas — ya no es suficiente. Sólo es parte del cuidado total de la salud que necesita la mayoría de la gente."

8

ADIÓS AL FINAL FELIZ

No todas las peleas con la depresión maniaca terminan de manera feliz. El resultado puede depender de factores que van más allá del control del hombre. En su libro *Despiértame cuando acabe,*[*] Mary Kay Blakely describe la batalla perdida de su hermano mayor con las oscilaciones de su estado de ánimo; una lucha larga y angustiante que terminó trágicamente cuando se destruyó a sí mismo.

La historia de Frank

Frank Blakely se matriculó como seminarista católico siendo todavía joven, pero abandonó esa carrera para buscar a Dios en los escritos de monjes budistas, rabinos judíos, teólogos protestantes y ministros unitarios. ¿Cuál representante de Dios es genuino y cómo podemos estar seguros de eso? Hasta que el que busca encuentra respuestas autorizadas a esas preguntas, algunos podrían calificar de presuntuosa cualquier expresión de fe.

La hermana de Frank lo describe como una persona profundamente religiosa, aunque no hay indicios de que haya encontrado las respuestas que buscaba. Sus propios pensamientos sobre el tema eran refrescantes e innovadores. Después de uno de sus episodios mania-

---

[*] *Wake Me When It's Over*, Nueva York: Random House, 1989.

cos, definió su teología al escribir: "Somos todos como las bacterias en un banano; cada uno hace su propia cosita, mientras la fruta madura para la digestión de Dios."

Evaluaciones tempranas de las ilusiones bipolares

Hay evidencia de que Frank de cuando en cuando suponía que era Dios. Las ilusiones que acompañan a los desórdenes bipolares pueden producir sentimientos grandiosos de poder. Para los maniacodepresivos, la realidad es con frecuencia evasiva. Dentro de la cabeza de Frank había un ritmo de euforia que describía como "el compás, el compás, el compás". No había voces necesariamente; con frecuencia sólo había "el compás".

Frank sufrió su primer episodio maniaco en 1967, después del cual le pusieron electrodos en el Hospital Loretto de Chicago y recibió tratamientos de choque. Si en realidad esos tratamientos le ayudaron, sólo tuvieron un efecto temporal. La interpretación de Frank del episodio fue que había recibido mensajes directamente de Dios. Él vio llegar la verdad con sacudidas tremendas, tal como se había imaginado que sería. Este buscador sincero estaba abandonando la realidad.

— Pero la verdad no te fríe el cerebro — le indicó su hermana.

— Algunas veces sí — le contestó Frank, tan sorprendido, al parecer, al informar esta revelación como lo fue Mary Kay al recibirla.

Durante los episodios que siguieron, a Frank le hicieron pruebas, lo exploraron, lo drogaron y lo examinaron psiquiatras con credenciales impecables, pero no de manera tan rigurosa como se harían dichas pruebas y reconocimientos hoy día. No fue sino hasta más tarde que se exploró clínicamente la posibilidad de un desequilibrio químico. Durante los primeros períodos de pruebas a Frank, los médicos no encontraron respuestas convincentes a las preguntas que surgían de su angustia personal. El paciente había testificado que sentía su cabeza como si estuviera entre las manos poderosas de un lanzador de disco, dando vueltas en las primeras etapas de un potente lanzamiento. La mayoría del tiempo esperaba el empuje final, con la esperanza de que lo soltara por fin de las vueltas vertiginosas y lo lanzara en vuelo libre. Para Frank esa libertad nunca llegó.

Típico de quienes sufren desórdenes emocionales bipolares tan severos, Frank salió de cada una de sus oscilaciones hiperactivas alterado de alguna manera por lo que había sentido. A las luchas maniacas seguían prolongados períodos de depresión, durante los cuales los mensajes místicos recibidos durante las fases maniacas se derretían en incertidumbre y duda. Durante la fase depresiva, Frank vivía adolorido por la soledad. Temeroso e indeciso, dormía hasta veinte horas seguidas. Describía esos episodios como "ataques de desesperación tipo gran mal".

Posible desequilibrio químico

Durante la primavera de 1970, la mamá de Frank hizo los arreglos necesarios para que lo incluyeran en un programa llevado a cabo en el instituto psiquiátrico del estado de Illinois por los doctores Herbert Y. Meltzer y Ronald Moline. Estos dos médicos estuvieron entre los primeros en explorar la posibilidad de que la depresión maniaca fuera causada por un desequilibrio químico. Sus primeros experimentos sugerían que estas oscilaciones del estado de ánimo no se clasifican adecuadamente como locura. En vez de eso, pueden ser el resultado de una falla genética, un defecto que podía ser controlado si se podían determinar y suplir las sustancias químicas faltantes. A estos investigadores les parecía que la causa era biológica, no sociológica ni psicológica. Sin embargo, pequeñas dosis experimentales de carbonato de litio tuvieron poco efecto en Frank.

Puesto que ninguna otra cura médica parecía disponible, el programa de Frank en el instituto también incluía programas semanales de psicoterapia, en las que participaban miembros de su familia.

Su hermana escribe:

> *Odiaba las sesiones de los jueves en la noche, cuando interrogaban a los pacientes y sus familias de manera colectiva bajo las potentes y desagradables luces fluorescentes de la sala cerrada. Tal vez en alguna parte del pasado de estas personas humilladas hubo casos de madres malas o padres ausentes o negligencia afectiva — ¿qué familia que logró sobrevivir a los años 50 está exenta? — pero no podía creer que estos errores humanos trajeran los cambios físicos a Frank. Sabía que una niñez infeliz no era el problema. Si acaso, el afecto imparable de mis padres había pospuesto la crisis de Frank. No tuvo su primer ataque bajo su techo. Sucedió a casi cuatrocientos kilómetros de distancia, en la Universidad del Sur de Illinois durante el año que salió de la casa.*

Por lo general, las sesiones terapéuticas resultaron improductivas. La psicoterapia todavía es una ciencia bastante inexacta. Algunas de las sesiones, en realidad, pueden haber sido potencialmente dañinas. El adolorido padre de Frank cargó con las cicatrices de la terapia durante mucho tiempo después. Fue lanzado hacia semanas de desconfianza de sí mismo por la sugerencia del terapeuta de que su apretón de manos frío y formal, ofrecido a cambio de abrazos, había privado a su hijo del afecto necesario. Ese pronunciamiento insensible hizo caso omiso de los miles de hijos del todo funcionales cuyos padres también normalmente expresaban su afecto por medios diferentes al abrazo.

Un último adiós

El fin de semana anterior al suicidio, Frank visitó a Mary Kay para decirle cuánto la quería. Fue sólo hasta más tarde que ella se dio cuenta de que su hermano le había estado diciendo adiós. No estaba deprimido durante la visita. En realidad, estaba en la cima de una cresta maniaca, paseando por el barrio tranquilo de Mary Kay con una energía frenética. Tarde una noche, Frank se paró en el patio de la casa de una viuda anciana calle abajo y le dio una serenata. Voces le habían dicho que estaba solitaria, y él sólo trataba de expresar el amor que sentía que necesitaba.

Cuando su visita estaba por concluir, Frank no estuvo dispuesto a hablar de los planes futuros con su hermana, insistiendo en que "es una de esas épocas cuando lo irracional se volverá racional".

El suicidio de Frank dos días después de regresar a casa no fue un acto de desesperación, insiste su hermana. "En su mente — dice —, estaba cometiendo un acto esencial de fe. Fue una muerte de agotamiento, de los esfuerzos de pensar y de luchar; me alegré de que por fin alcanzó el final de su dolor."

La validez de la sanidad por fe

¿Obran todas las peticiones de sanidad en beneficio de las personas para quienes se busca dicha sanidad? Algunas veces Dios tiene planes más misericordiosos.

Sheila Walsh, copresentadora del programa de televisión de CBN "Club 700", ha entrevistado ante las cámaras a cantidades de personas que dan testimonio del poder de sanidad de Dios. La misma Sheila cree fuertemente en la validez de la sanidad por fe. Sin embargo, al cierre de su entrevista por televisión con Stan Schmidt, donde el tema poco usual era la falta de sanidad de Stan, se volvió para hablar de frente a las cámaras y dijo con una franqueza encantadora:

Sé que muchos de ustedes que están mirando han sido retados por lo que dijo Stan y no entienden bien [el significado de la fe presuntuosa]. Algunos están luchando con todo esto.

Mi problema con nuestra presunción de que Dios hará todo a nuestra manera, de una forma que entendamos, según nuestro horario y programa, es que de alguna manera sentimos que Dios nos debe eso.

Los frutos del Espíritu Santo nacen como producto de las dificultades, del sufrimiento, de mantenerse firme contra todas las probabilidades. La fruta toma tiempo para crecer en el árbol y así es en nuestra vida. Para mí, la verdadera pregunta que hay que hacer es: "¿Quieres ser sanado, o quieres más de Jesús?"

No podemos esconder el hecho de que algunas personas no han sido sanadas físicamente. ¿Quiere eso decir que Jesús no es capaz? No.

¿Quiere eso decir que no tienen suficiente fe o que hay algún pecado secreto? No, quiere decir que Jesús nos pide caminar por el camino de la confianza y de la fe, a pesar de nuestras circunstancias, manteniendo nuestra mirada fija en Él.

Luego Sheila contó la lucha dentro de su familia durante la época en que su padre sufrió una hemorragia cerebral. El cambio físico alteró su personalidad y lanzó a la familia a una época de tensión y de angustia. Sabían que la vida de su padre estaba a punto de terminar y que en cualquier momento podía sufrir un ataque fulminante mortal. Con heroísmo Sheila le relató a un público enorme del "Club 700" las lecciones que la familia aprendió a medida que el estado de su padre empeoraba y se elevaban oraciones por su sanidad:

En ocasiones se volvía violento con mi madre y conmigo. Una noche desde el hospital nos avisaron que no viviría hasta la mañana. Llamamos por teléfono a cristianos alrededor de todo el mundo y le imploramos a Dios que tuviera misericordia de mi padre. Casi dijimos: "Señor, vamos a torcerte el brazo y hacer que lo hagas. ¡Tienes que hacer esto!"

Mi padre no murió esa noche. Tengo que decirles que los seis meses que mi padre vivió fueron los peores seis meses de mi vida. Era como un animal atormentado. Llegó un momento en que mi mamá se arrodilló y dijo: "Señor, no entiendo todos tus caminos, pero confío en ti y si es lo que tú quieres, entonces llévatelo a casa." Mi padre murió a la medianoche.

No entendemos todas las cosas aquí. ¿Por qué pensamos que las debiéramos entender? La Palabra de Dios dice: "Mis caminos no son vuestros caminos, ni mis pensamientos vuestros pensamientos." Confíe en Dios. Él lo conoce; Él lo ama.

Tal vez su vida no tenga sentido según alguna teología popular que le hayan enseñado. El enemigo nos tira cosas a la cara para observar como reaccionamos. Dice: "¿Ama ella a Dios lo suficiente para seguir caminando? ¿Ama ella a Dios lo suficiente para seguir arrastrándose, si no tiene energía para hacer más?

Torciéndole el brazo a Dios

El rey David sabía algo sobre la fe presuntuosa expresada en la oración. Al relatar la historia de la obstinación de Israel, David escribió estas tristes palabras lamentando el error que los seres humanos con tanta frecuencia se inclinan a cometer: insistir en que Dios haga las cosas a la manera de ellos.

Bien pronto olvidaron sus obras; no esperaron su consejo. Se entregaron a un deseo desordenado en el desierto; y tentaron a Dios en la soledad. Y él les dio lo que pidieron; mas envió mortandad sobre ellos.

Salmo 106:13-15

Las palabras de David dramatizan la inutilidad de tratar de imponer nuestra voluntad sobre Dios, diciéndole lo que queremos y exigiendo que nos lo sirva de inmediato, preparado y sazonado tal y como nos gusta.

La sanidad de Ezequías

Cerca del final de su exitoso reinado sobre el pueblo de Judá, Ezequías le torció el brazo a Dios y le exigió que lo librara temporalmente de su muerte inminente (véase 2 Reyes 20:1-11). Las consecuencias fueron tristes. El Antiguo Testamento nos dice que un ángel ayudó a Ezequías a derrotar a Senaquerib y los ejércitos de Asiria antes que lanzaran su ataque sobre Jerusalén (véase 2 Reyes 19:36-37). Poco después, Isaías fue enviado para decirle al rey: "Ordena tu casa, porque morirás, y no vivirás" (20:1).

Pero Ezequías no estaba listo para aceptar el veredicto. Sólo tenía treinta y nueve años. Llorando amargamente, se volteó hacia la pared y pidió que se revocara la decisión de Dios. Le recordó al Señor su celo y relató una lista de realizaciones (véase 2 Reyes 20:3). Le imploró a Dios que lo sanara y no lo dejara morir. No hay evidencia de que hubiera preguntado cuál era la voluntad de Dios sobre dicha situación. Él creyó que sabía lo que era mejor.

Antes que Isaías pasara más allá del patio central del palacio, el Señor lo envió de regreso a Ezequías con la suspensión temporal de la muerte que éste había solicitado: "Yo he oído tu oración, y he visto tus lágrimas; he aquí que yo te sano" (20:5). Isaías preparó una cataplasma de higos y la puso sobre la infección de Ezequías. El rey se sanó y Dios le dio otros quince años de vida. Fue una respuesta milagrosa a la oración. Aunque la cataplasma de higos también desempeñó una parte en la suspensión del avance de la infección, hay una cosa evidente: no hubo intervención de un sanador.

Pero hay que contestar una pregunta inquietante. Muchos creyentes de hoy harían lo mismo que hizo Ezequías. Sin embargo, ¿somos culpables de presunción cuando pedimos que se haga nuestra voluntad? Según el registro, el resultado en el caso de Ezequías fue desastroso. Vivió, pero bajo condiciones totalmente cambiadas. "Más Ezequías no correspondió al bien que le había sido hecho, sino que se enalteció su corazón, y vino la ira contra él, y contra Judá y Jerusalén" (2 Crónicas 32:25). Intervino el orgullo. ¿Fue el orgullo de haber sido el recipiente honrado de una sanidad por fe? No respondió a la misericordia de Dios. Tal vez signifique que el rey siguió alegre su rutina normal, dando poca evidencia de responsabilidad y de gratitud a quien permitió que se sanara. La presunción con frecuencia da por sentado lo que se ha dado por la gracia de Dios.

Las consecuencias

Poco después de la suspensión temporal por fe, Ezequías cometió el error táctico de mostrarle a una delegación de Babilonia todas sus riquezas. Debido a este disparate —al parecer un acto de cortesía y de generosidad, pero no lo había ordenado el Señor—, Dios le previno a Ezequías:

He aquí vienen días en que todo lo que está en tu casa, y todo lo que tus padres han atesorado hasta hoy, será llevado a Babilonia, sin quedar nada, dijo Jehová. Y de tus hijos que saldrán de ti, que habrás engendrado, tomarán, y serán eunucos en el palacio del rey de Babilonia.

2 Crónicas 20:17-18

Y sucedió tal como dijo el profeta. Antes de la suspensión temporal de la enfermedad, Ezequías hizo "lo bueno, recto y verdadero delante de Jehová su Dios" (2 Crónicas 31:20). Luego vino su petición presuntuosa de revocar la voluntad ya expresada de Dios. Después de la muerte de Ezequías a la edad de cincuenta y cuatro años, su hijo, Manasés, reinó durante cincuenta y cinco años e "hizo lo malo ante los ojos de Jehová, según las abominaciones de las naciones que Jehová había echado de delante de los hijos de Israel" (2 Reyes 21:2). Manasés también "derramó . . . mucha sangre inocente en gran manera, hasta llenar a Jerusalén de extremo a extremo; además de su pecado con que hizo pecar a Judá, para que hiciese lo malo ante los ojos de Jehová" (v. 16). Y considere esta nota de importancia crítica: según los registros genealógicos, Manasés no nació sino hasta *tres años después* que su padre le torció el brazo a Dios para conseguir la suspensión de muerte de quince años.

Pero eso no es todo. Después del cruel y largo reinado de Manasés, tres de los cuatro reyes siguientes — todos descendientes de Ezequías — "hicieron lo malo ante los ojos de Jehová" (véase 2 Reyes 21:19-20; 22:1-2; 23:31-37). Fueron los responsables de lo que la Biblia llama "derramar mucha sangre". ¿Le hubiera ido mejor a Israel si Ezequías hubiera muerto sin dejar descendencia a los treinta y nueve años? No podemos estar seguros de esa respuesta hasta que podamos verla desde el punto de vista de la eternidad. Es verdad que el buen rey Josías era nieto de Manasés, pero suponga que Ezequías hubiera muerto en la cúspide de su victoria sobre Senaquerib en vez de recibir quince años adicionales como respuesta a su oración. ¿Es posible que otro linaje real hubiera reinado mejor? Nuestra vida, tal vez como la de los judíos de los tiempos de Ezequías, está llena de "¿Qué hubiera pasado si . . . ?" Insistimos en que las cosas sucedan según nuestros deseos, pero sólo podemos adivinar cuáles serían las alternativas. Nosotros teorizamos; sólo Dios lo sabe todo.

Le concedió a Ezequías el deseo de su corazón, pero envió pobreza a su alma. Cuando Ezequías volvió su mirada sobre su experiencia desde el sitio privilegiado de la eternidad, tal vez se dio cuenta de que habría sido mejor haberse sometido en fe a los mejores caminos de Dios. Tal vez sólo entonces entendió la necedad de su petición de seguir viviendo.

La trágica vida de un predicador

Mediante lo que está registrado en el Antiguo Testamento sobre la vida de Ezequías, Dios puede estar enseñándonos también que los líderes espirituales son tan vulnerables y falibles como el resto de la humanidad. Al escudriñar con cuidado la vida de quienes son nuestros maestros y guías, tal vez no siempre cuadre con los valores y prioridades que enseñan. ¿Debemos abrazar de todo corazón un mensaje atractivo y elocuente sencillamente porque viene de alguien reconocido por sus habilidades de líder? Las cosas salen mejor cuando nuestra aceptación depende de la autoridad y validez del mensaje mismo.

Pocos ministros del evangelio generan seguidores más leales que los que afirman tener dones de sanidad u otros poderes sobrenaturales. Los maestros que están dentro de esa categoría tienden a garantizarles a sus seguidores que Dios recompensará su fe con salud y bienestar inagotables.

Sin embargo, examine de cerca la vida privada de los personajes aclamados que están identificados con la teología de obrar milagros. La traumática vida de algunos de los principales proponentes de sanidad en los Estados Unidos, con frecuencia contradice sus propias doctrinas de prosperidad.

Pérdidas personales

Por ejemplo, un líder de gran renombre ha sufrido gran pérdida personal. En el lado halagüeño, su vida ha estado llena de realizaciones, reconocimiento y hazañas, pero el afamado sanador por fe también ha tenido más de lo que le corresponde de angustia y derrota.

Sólo uno de sus cuatro hijos ha seguido los pasos de su padre. Dos murieron prematura y trágicamente cuando eran adultos jóvenes. La primera en morir fue su hija, junto con su esposo en un accidente de aviación.

Después de una obstinada oposición en su juventud, sólo un hijo volvió al redil y se ha ganado un lugar destacado dentro de las filas de los predicadores; pero la tragedia personal lo ha perseguido. Después de una muy publicada lucha conyugal, él y su esposa resolvieron sus problemas con un divorcio. En la teología de santidad eso sencillamente no sucede en los matrimonios de las personas llenas del Espíritu Santo y ungidas para hacer la obra de Dios en la tierra.

A duras penas se había sentado el polvo de ese escándalo familiar cuando otro hijo, que se rebeló contra sus padres y estableció su propio estilo de vida en contra de la cultura convencional, se divorció de su esposa, supuestamente debido a sus problemas con la droga y el alcohol. Las oraciones por su liberación y la más fuerte de las intimidaciones paternales fracasaron en lograr que regresara al buen camino. Prefirió su propio estilo de vida. Luego fue acusado de un delito, según se afirmó, de falsificación de recetas en una farmacia. Después hizo un valiente esfuerzo por cambiar su vida y redimirse, pero el ensayo fracasó. Se encontró el cadáver del hijo dentro de su automóvil, muerto de la herida causada por una bala que él mismo se disparó en el corazón.

Confianza en Dios

En el ruedo espiritual donde batallamos con las circunstancias de la vida, la existencia de día a día de los creyentes de carne y hueso trasciende las teorías simplistas y aun en ocasiones pisotea los ideales acariciados. Las cosas no siempre salen según nuestros deseos o preferencias. En el fragor de la batalla hay muy pocas fórmulas para garantizar la victoria. Los finales felices no son la única opción. Sabia es la persona que por fin descubre que su juicio es demasiado falible para confiar en él. No podemos saber el final desde el principio, como lo sabe el Señor. Así que nuestro servicio razonable por fe responsable es el de perseverar en confianza y en obediencia, y dejar el resultado en las manos de Dios.

En el inmenso y atiborrado escenario de la tierra, las verdaderas situaciones de la vida no siempre resultan en finales felices. La sanidad sobrenatural no siempre ha resultado ser lo mejor para quien se sana. La adversidad tiene poderes místicos de enseñanza. Puesto que sólo Dios entiende las alternativas, es mejor buscar su sabiduría en vez de exigir una demostración de su poder.

Podemos confiar en una sola cosa en esta tierra: el carácter de Dios expresado en su amor, misericordia y sabiduría inagotables. Para quienes son recipientes del don de Dios de la fe, el amor y la misericordia son confirmados en la muerte y resurrección de Jesucristo. Para quienes están llenos de su Espíritu, nada es profano en su creación, incluso las medicinas y las habilidades médicas que Él provee para nuestro bienestar.

No hay nada malo en esperar un milagro . . . siempre y cuando, por supuesto, hayamos establecido que un milagro es la voluntad de Dios. La equivocación está en presumir que sabemos y, por tanto, exigir.

APÉNDICE

LECTURAS ADICIONALES

Ahlem, Lloyd H. *Crisis, cambio, y conflicto* (Deerfield, Florida: Editorial Vida, 1980).

Brandt, Henry. *Quiero la felicidad, ¡ahora mismo!* (Deerfield, Florida: Editorial Vida, 1980).

Brown, Stephen. *Cuando la soga se rompe* (Deerfield, Florida: Editorial Vida, 1989).

Bueno, Juan. *Consultorio del alma* (Deerfield, Florida: Editorial Vida, 1989).

Caldwell, William. *Conozca al sanador* (Deerfield, Florida: Editorial Vida, 1981).

Carothers, Merlin R. *El poder de la alabanza* (Deerfield, Florida: Editorial Vida, 1977).

Cho, Paul Yonggi. *Solución para los problemas de la vida* (Deerfield, Florida: Editorial Vida, 1980).

Cole, Edwin Louis. *Cómo vivir al máximo* (Deerfield, Florida: Editorial Vida, 1986).

Dobbins, Richard D. *Su poder espiritual y emocional* (Deerfield, Florida: Editorial Vida, 1985).

Engstrom, Ted W. *Momento de entrega* (Deerfield, Florida: Editorial Vida, 1987).

Engstrom, Ted W. *Motivación para toda la vida* (Deerfield, Florida: Editorial Vida, 1985).

Eskelin, Neil. *Vida positiva en un mundo negativo* (Deerfield, Florida: Editorial Vida, 1982).

Ferguson, Ben. *Señor tengo un problema* (Deerfield, Florida: Editorial Vida, 1984).

Getz, Gene A. *Bajo presión* (Deerfield, Florida: Editorial Vida, 1984).

Girón, José. *Los Testigos de Jehova y sus doctrinas* (Deerfield, Florida: Editorial Vida, 1981).

Graham, Billy. *Soluciones para los problemas de la vida* (Deerfield, Florida: Editorial Vida, 1990).

Heavilin, Marilyn. *Rosas en invierno* (Deerfield, Florida: Editorial Vida, 1993).

Horban, Michael. *Libérese de las tensiones* (Deerfield, Florida: Editorial Vida, 1981).

Hurst, Gloria. *No hay valle demasiado profundo* (Deerfield, Florida: Editorial Vida, 1980).

Johnson, Margaret. *Más allá del dolor* (Deerfield, Florida: Editorial Vida, 1980).

Kent, Wilfred R. *Transforme su mundo interior* (Deerfield, Florida: Editorial Vida, 1981).

LaHaye, Tim. *Cómo vencer la depresión* (Deerfield, Florida: Editorial Vida, 1981).

Long, Jim. *¿Por qué lo permite Dios?* (Deerfield, Florida: Editorial Vida, 1991).

Manzanares, Cear Vidal. *Recuerdos de un Testigo de Jehová* (Deerfield, Florida: Editorial Vida, 1987).

McDowell, Josh. *A la imagen de Dios* (Deerfield, Florida: Editorial Vida, 1987).

Menzies, William W. *Filipenses, la epístola del gozo* (Deerfield, Florida: Editorial Vida, 1983).

Nordtvedt, Matilda. *Por el túnel de la depresión* (Deerfield, Florida: Editorial Vida, 1977).

Ortlund, Raymond C. *El círculo de fortaleza* (Deerfield, Florida: Editorial Vida, 1981).

Reed, David C. *Respuestas bíblicas a los testigos de Jehová* (Deerfield, Florida: Editorial Vida, 1990).

Rosario, Aníbal. *La dorada claridad* (Deerfield, Florida: Editorial Vida, 1986).

Schlabach, Chris. *Lecciones en la vida victoriosa* (Deerfield, Florida: Editorial Vida, 1986).

Seamands, David A. *Poder liberador de la gracia* (Deerfield, Florida: Editorial Vida, 1990).

Smalley, Gary y John Trent. *El don de la honra* (Deerfield, Florida: Editorial Vida, 1989).

Smith, Malcolm. *Agotamiento espiritual* (Deerfield, Florida: Editorial Vida, 1990).

Strauss, Richard L. *¡Gane la batalla de la mente!* (Deerfield, Florida: Editorial Vida, 1982).

Swieson, Eddy. *Si tienes problemas, alégrate* (Deerfield, Florida: Editorial Vida, 1980).

Swindoll, Charles R. *Aliéntame* (Deerfield, Florida: Editorial Vida, 1990).

Thom, Robert. *El vino nuevo es mejor* (Deerfield, Florida: Editorial Vida, 1980).

Wilkerson, David. *Mi lucha interior* (Deerfield, Florida: Editorial Vida, 1981).

Wilson, William P. *El poder sanador de la gracia* (Deerfield, Florida: Editorial Vida, 1985).

Yancey, Philip. *Desilusión con Dios* (Deerfield, Florida: Editorial Vida, 1990).